若干负载均衡问题的算法设计与分析

李伟东　李建平　著

科学出版社
北京

内 容 简 介

负载均衡问题是组合最优化领域最早被研究的问题之一，也是目前最受关注的问题之一。第一个近似比的概念正是在研究负载均衡的问题中提出来的。负载均衡问题在网络设计、资源分配、工业管理、信息传播与车辆调度中有着非常广泛的应用，其目标函数通常有三类：最小化最大负载、最大化最小负载和最小化负载向量的 l_p 范数。在这三个优化目标下，经典的平行机环境下负载均衡问题的研究较多，并且多数问题已经被完全解决。本书重点研究带惩罚费用约束、带等级约束、带数目约束和带划分拟阵约束等四类不同约束下的负载均衡问题。在三个不同的优化目标下，深入地分析问题的计算复杂性，设计多项式时间算法，并分析算法的近似比。

本书适用于运筹学、计算机科学或管理科学专业的研究生或从事组合最优化研究的人员阅读。

图书在版编目(CIP)数据

若干负载均衡问题的算法设计与分析 / 李伟东，李建平著.
— 北京：科学出版社，2019.10
ISBN 978-7-03-062500-7

Ⅰ. ①若… Ⅱ. ①李… ②李… Ⅲ. ①算法设计②算法分析
Ⅳ. ①TP301.6

中国版本图书馆 CIP 数据核字（2019）第 216867 号

责任编辑：张　展　陈　杰 / 责任校对：彭　映
责任印制：罗　科 / 封面设计：墨创文化

科学出版社 出版
北京东黄城根北街16号
邮政编码：100717
http://www.sciencep.com

四川煤田地质制图印刷厂印刷
科学出版社发行　各地新华书店经销

*

2019年10月第　一　版　开本：B5（720×1000）
2019年10月第一次印刷　印张：6
字数：116 000

定价：59.00 元

（如有印装质量问题，我社负责调换）

前　言

排序与调度是运筹学领域最为活跃的分支之一，是管理科学与工程、计算机科学与技术、运筹学和控制科学与工程等学科的一个重要研究方向。历经数十年的发展，形成了精确算法、近似算法、参数算法和智能算法等各种算法工具百花齐放的局面，为生产生活的相关领域提供了重要的理论支撑和技术支持。

负载均衡问题作为排序与调度领域最为经典的问题之一，其研究成果丰富，理论理解深刻，受到数学专业相关研究人员的极大关注。近似比刻画了算法在最坏情形下所求得的解的质量，不依赖于数据输入，从理论上保证了算法的性能。本书以三种不同目标函数下四类不同的负载均衡问题为研究内容，贯穿计算复杂性理论和近似比分析的主线，介绍采用动态规划、数学规划和图算法等多种工具设计算法的技巧，为从事近似算法研究的研究生或教师提供参考。

本书是作者在负载均衡领域最近几年研究成果的基础上系统整理后形成的。由云南大学数学与统计学院李建平教授(云南省“万人计划”云岭学者)和李伟东副教授(云南省“万人计划”青年拔尖人才)共同撰写而成。本书的出版受到国家自然科学基金(11301466)、云南大学青年英才培育计划、云南大学运筹学省创新团队(培育)、云南省高校科技创新团队支持计划和云南大学双一流数学学科建设项目等多个项目的资助，在此特别感谢各个资助单位。由于作者水平有限，书中难免有疏漏之处，敬请批评指正。

目　　录

第1章 绪　言

1.1 研究背景

随着大数据、云计算、边缘计算、物联网和人工智能的飞速发展，相关领域内离散优化问题的研究越来越受到重视，其中负载均衡问题因在计算资源分配和数据交换与下载中的广泛应用而成为最受关注的问题之一。负载均衡问题的一般化描述为：给定n个工件和m台机器，将工件分配给机器进行加工，每台机器的负载(或称处理时间)由分配给它的工件所决定。令$\boldsymbol{L}=(l_1,l_2,\cdots,l_m)$表示机器的负载向量，其中$l_i$为第$i$台机器的负载。负载均衡问题常见的目标函数有三类：

(1)最大机器负载尽可能达到最小，即：

$\min_{\boldsymbol{L}}\max\{l_i|1\leqslant i\leqslant m\}$，简记为min-max；

(2)最小机器负载尽可能达到最大，即：

$\max_{\boldsymbol{L}}\min\{l_i|1\leqslant i\leqslant m\}$，简记为max-min；

(3)向量$\boldsymbol{L}$的l_p范数尽可能达到最小，即：

$\min_{\boldsymbol{L}}\left(\sum_{i=1}^{m}l_i^p\right)^{\frac{1}{p}}$，简记为min-$l_p$，这里$p\in(1,+\infty)$。

目标函数为min-max的负载均衡问题是组合最优化领域最早引起关注并且研究成果最为丰富的问题之一。曾任美国数学会主席的Graham(1966)发表了关于平行机排序问题的研究成果。该问题是指将n个不同处理时间的工件分配给m台具有相同处理能力的机器加工，使得最大的机器负载尽可能地小，这里机器负载定义为在其上加工工件的时间之和。显然，此问题是目标函数为 min-max 的负载均衡问题。Hochbaum 和 Shmoys（1987）给出了平行机排序问题的一个多项式时间近似方案。随后，Alon 等（1998）给出了平行机排序问题的一个有效的多项式时间近似方案。最近，多项式时间近似方案的运行时间得到了进一步的改进（Jansen，2010；Jansen et al.，2016）。同时，Chen 等（2018）给出了平行机排序问题的一个下界，这意味着 Jansen 等（2016）给出的多项式时间近似方案几乎是最佳的，除非 Exponential Time Hypothesis 假设不成立。

目标函数为 max-min 的负载均衡问题因其固有的困难性，在 2005 年以前的研究成果甚少，其中最具有代表性的成果是关于平行机上最大最小负载均衡问题的两个算法：Csirik 等（1992）所给出的 1.33-近似算法和 Woeginger（1997）所设计的多项式时间近似方案。Bez′akov′a 和 Dani（2005）讨论了非同类机上的最大最小负载均衡问题。随后，目标函数为 max-min 的负载均衡问题迅速成为负载均衡领域研究的热点问题之一。Bansal 和 Sviridenko（2006）基于框架线性规划的方法给出了目标函数为 max-min 的限制性负载均衡问题的一个近似算法。Asadpour 和 Saberi（2010）给出了非同类机上最大最小负载均衡问题的非平凡近似算法。最近，目标函数为 max-min 的负载均衡的一个新变种成了学界研究的重点内容（Kurokawa et al.，2018）。

目标函数为 min-l_p 的负载均衡问题是另一个被关注较多的问题，主要原因在于向量的 l_p 范数处理上有一定的难度。Chandra 和 Wong（1975）首次提出了 l_p 范数下的负载均衡问题。Alon 等（1998）给出了 l_p 范数下平行机排序问题的一个有效的多项式时间近似方案。Azar 和 Taub（2004）给出了平行机排序问题的一个全范数的 1.39-近似算法，即对于所有的 p 的取值，该算法均能得到一个目标函数值不超过 1.39 倍最优值的可行解。Azar 等（2004）给出了 l_p 范数下限制性指派问题的一个全范数 2-近似算法。

1.2 基本知识

下面给出负载均衡问题领域常见的基本定义(Garey and Johnson，1979；Papadimitriou and Yannakakis，1991；Downey and Fellows，1999)。

定义 1.1　算法是指一步步求解问题的通用程序，这是解决问题的程序的一个清晰的描述。

定义 1.2　算法的运行时间是指在最坏情形下解决实例 I 所需的加、减、乘、除等基本运算的次数之和，一般用 $f(|I|)$ 表示，这里 $|I|$ 表示实例 I 用二元代码表示的输入的长度。如果算法 A 的运行时间 $f(|I|)$ 是关于 $|I|$ 的多项式函数，则称 A 为多项式时间算法。

定义 1.3　如果一个判定问题任一回答为“是”的实例都存在着一个确定的多项式时间算法来验证，则称该问题属于 NP 类。

定义 1.4　如果一个判定问题存在着一个确定的多项式时间求解，则称该问题属于 P 类。

定义 1.5　假定 $\prod_1$ 和 $\prod_2$ 都是判定问题，如果多项式时间可计算函数 $f:\prod_1 \to \prod_2$ 满足对所有的 x 有 $x \in A \Leftrightarrow f(x) \in B$，则称 f 为从 $\prod_1$ 到 $\prod_2$ 的多项式归约。

定义 1.6　如果判定问题 $\prod_1$ 可以多项式归约到判定问题 $\prod_2$，而 $\prod_2$ 有多项式时间求解算法，则判定问题 $\prod_1$ 也有多项式时间求解算法。

定义 1.7　如果 NP 类中的任一问题都能多项式归约到判定问题 $\prod$，则称问题 $\prod$ 是 NP–难的；如果问题 $\prod$ 同时属于 NP 类，则称该问题是 NP–完备的。

定义 1.8　令 $\prod$ 表示一个最小(大)化问题，I 表示该问题的任一实例，A 表示问题 $\prod$ 的一个多项式时间算法，$A(I)$ 和 $\mathrm{OPT}(I)$ 分别表示算法 A 解

实例I所得到的可行解的目标函数值和最优值，则算法A的近似值（又称最坏情形界）定义为

$$r_A = \inf\{r_A \geqslant 1 \left| \frac{A(I)}{\mathrm{OPT}(I)} \leqslant r_A, \forall I\}$$

$$\left(r_A = \sup\left\{ r_A \leqslant 1 \left| \frac{A(I)}{\mathrm{OPT}(I)} \geqslant r_A, \forall I \right.\right\} \right)。$$

定义 1.9　如果一个优化问题Π存在近似值为常数的多项式时间算法，则称该问题属于 APX 类。

定义 1.10　令Π和Π'分别表示两个优化问题，如果存在多项式时间算法A_1、A_2及常数α、β，对Π的任一实例I都满足:

(1) 算法A_1得到Π'的一个实例I'，并且$\mathrm{OPT}(I') \leqslant \alpha \cdot \mathrm{OPT}(I)$，这里$\mathrm{OPT}(I')$和$\mathrm{OPT}(I)$分别表示实例$I'$和实例$I$的最优值；

(2) 对实例I'的任意可行解s'，其目标函数值为$c'(s')$，算法A_2能生成实例I的一个可行解$s = \tau(s')$，其目标函数值为$c(s)$，并且

$$|c(s) - \mathrm{OPT}(I)| \leqslant \beta |c'(s') - \mathrm{OPT}(I')|。$$

则称问题Π能够L-归约到问题Π'。

定义 1.11　如果 APX 类中的每一个问题都能够L-归约到问题Π，则称问题Π是 APX-难的。

定义 1.12　对于最大(小)化问题Π，若对任意的实数$\varepsilon > 0$，算法簇A_ε都能得到一个$1-\varepsilon$（$1+\varepsilon$）-近似解，则称算法簇A_ε是一个多项式时间近似方案(polynomial time approximation scheme)。

命题 1.1　如果问题Π是 APX-难的，则该问题不存在多项式时间近似方案。

定义 1.13　如果最小(大)化问题Π，存在一个运行时间为$f(1/\varepsilon)\,\mathrm{poly}(|I|)$的算法簇$A_\varepsilon$，这里$f(1/\varepsilon)$是关于$1/\varepsilon$的函数(只含有$1/\varepsilon$，可以是指数函

数)，$\text{poly}(|I|)$ 是关于输入长度 $|I|$ 的多项式函数，并且对任意固定的 $\varepsilon>0$，A_ε 的近似比都为 $1+\varepsilon(1-\varepsilon)$，则称 A_ε 为有效的多项式时间近似方案(efficient polynomial time approximation scheme，EPTAS)。

命题 1.2 如果问题 Π 是 $W[1]$-难的，则该问题不存在有效的多项式时间近似方案，除非 $\text{FPT}=W[1]$ ［关于 FPT 和 $W[1]$-难的定义可参阅 Downey 和 Fellows(1999)的研究］。

定义 1.14 如果一个优化问题在其实例 I 中的最大整数不超过输入长度 $|I|$ 的多项式函数的情形下都是 NP-难的，则称该问题是强 NP-难的。

定义 1.15 如果最小(大)化问题 Π，存在一个运行时间为 $\text{poly}(1/\varepsilon,|I|)$ 的算法簇 A_ε，这里 $\text{poly}(1/\varepsilon,|I|)$ 是关于 $1/\varepsilon$ 和输入长度 $|I|$ 的多项式函数，对任意固定的 $\varepsilon>0$，A_ε 的近似比都为 $1+\varepsilon(1-\varepsilon)$，则称 A_ε 为全多项式时间近似方案(fully polynomial time approximation scheme，FPTAS)。

命题 1.3 如果问题 Π 是强 NP-难的，则该问题不存在全多项式时间近似方案。

1.3 主要内容

本书主要讨论了三个不同目标函数下带四类不同约束的负载均衡问题。针对各个负载均衡问题，设计了多项式时间近似算法，分析了其运行时间和近似比。

第 2 章主要讨论带惩罚费用约束的负载均衡问题。当目标函数为 min-max 时，设计了一个强多项式时间 2-近似算法。基于此 2-近似算法，设计了一个多项式时间近似方案。当机器数为固定常数时，设计了一个全多项式时间近似方案。当目标函数为 max-min 时，此问题即为平行机上最大最小负载均衡问题，因而存在有效的多项式时间近似方案。当目标函数为 min-l_p 时，采用数据归约和动态规划相结合的方法给出一个全多项式时间近似方案。

第 3 章主要讨论带等级约束的负载均衡问题。当目标函数为 min-max 时，设计了两个等级时的一个有效的多项式时间近似方案和机器数为常数时的一个全多项式时间近似方案。当目标函数为 max-min 时，设计了一般情形下的一个多项式时间近似方案、等级数为常数时的一个有效的多项式时间近似方案和机器数为常数时的一个全多项式时间近似方案。当目标函数为 min-l_p 时，采用数据归约和动态规划相结合的方法给出一个全多项式时间近似方案。

第 4 章主要讨论带数目约束的负载均衡问题。当目标函数为 min-max 时，证明了此问题是$3/2-\varepsilon$不可近似的，并设计了一个 2-近似算法。当目标函数为 max-min 时，证明了此问题是$1/2+\varepsilon$不可近似的，并设计了一个$1/2$-近似算法。当目标函数为 min-l_p 时，证明了此问题是 APX-难的，即不存在多项式时间近似方案，并设计了一个$2^{1-1/p}$-近似算法。

第 5 章主要讨论带划分拟阵约束的负载均衡问题。当目标函数为 min-max 时，针对两种特殊情形分别给出了一个有效多项式时间近似方案和一个全多项式时间近似方案。当目标函数为 max-min 时，给出了一般情形下的一个近似算法，并针对两种特殊情形分别给出了一个有效多项式时间近似方案和一个全多项式时间近似方案。当目标函数为 min-l_p 时，给出了一般情形下的一个全范数 2-近似算法，并设计出了特殊情形下的一个全多项式时间近似方案。

第 2 章　带惩罚费用约束的负载均衡问题

2.1　引　　言

给定一个机器集 $M=\{M_1,M_2,\cdots,M_m\}$ 和一个工件集 $J=\{J_1,J_2,\cdots,J_n\}$，经典的平行机排序问题 $P\|C_{\max}$ 要求每个工件必须被 M 中的一台机器加工且不可中断，目标函数为最小化最大机器负载，这里的机器负载是指在该机器上加工的工件的处理时间之和。Graham（1966）设计了首个带有近似比保证的列表调度（list scheduling）算法，即将任意一个列表中的首个工件分配给当前负载最小的机器。在过去的五十余年，此强 NP-难问题被广泛地研究，目前最好的结果可参考 Chen 等（2018）的文章。

然而，在多数情况下，加工所有工件可能不是生产系统的一个最佳的策略。在多数情况下，明智的决定是按照一定的规则拒绝部分工件，并对被拒绝的工件给予适当的补偿，从而实现生产系统利益的最大化。这种带惩罚费用的排序模型在订单处理中有着广泛的应用（Zhong et al.，2014）。因此，Bartal 等（2000）首次提出了带惩罚费用的并行机调度问题 $P\|C_{\max}+\sum_{J_j\in R}e_j$，将部分独立的工件分配到平行机上处理，目标函数是最小化被处理工件的最大完成时间（即 $C_{\max}$）和未被处理工件的罚值之和（即 $\sum_{J_j\in R}e_j$），这里 e_j 表示工件 J_j 的罚值，R 表示被拒绝的工件集。Bartal 等（2000）设计了一个多项式时间近似方案，即能在多项式时间内得到任意精度的近似解。当并行机的数目是固定常数时，设计了一个全多项式时间近似方案。随后，问题 $P\|C_{\max}+\sum_{J_j\in R}e_j$ 的各类变种受到了极大的关注。Engels 等（2003）

研究了目标函数为最小化被接受工件的完成时间之和与被拒绝工件的总罚值之和。

当罚值的大小相对于处理时间较小时，问题$P \| C_{\max}+\sum_{J_j \in R} e_j$可能会拒绝过多的工件，不利于生产系统的长远发展。因此，Zhang 等(2009)对带惩罚费用约束的并行机调度问题的定义如下：给定一个包含m台并行机的集合$M=\{M_1, M_2,\cdots,M_m\}$，一个包含$n$个独立工件的集合$J=\{J_1, J_2,\cdots,J_n\}$和一个常数$B$。对$j=1,2,\cdots,n$，工件$J_j$可以被接受或者被拒绝。若工件$J_j$被接受并在某台机器上加工，所需时间为$p_j$；若被拒绝，则产生一个惩罚费用(简记为罚值)$e_j$。将工件集划分成两个子集：被接受的工件子集$A$和被拒绝的工件子集$R$。将被接受的工件全部放在$m$台并行机上处理且不可中断，目标函数是最小化机器的最大负载，同时被拒绝工件的总罚值不超过给定常数B。为了方便起见，遵循 Graham 等(1979)和 Lawler 等(1993)研究中的通用记法，用$P\left|\sum_{J_j \in R} e_j \leqslant B\right|C_{\max}$表示此问题。当机器数$m$为固定常数时，用$P_m\left|\sum_{J_j \in R} e_j \leqslant B\right|C_{\max}$表示此问题。

一方面，问题$P\left|\sum_{J_j \in R} e_j \leqslant B\right|C_{\max}$是经典平行机排序问题$P \| C_{\max}$的推广形式，若$B$的取值足够大，则问题$P\left|\sum_{J_j \in R} e_j \leqslant B\right|C_{\max}$正是经典平行机排序问题$P \| C_{\max}$。另一方面，问题$P\left|\sum_{J_j \in R} e_j \leqslant B\right|C_{\max}$可以看成 Shmoys 和 Tardos(1993)的研究中广义指派问题的一个特殊情形。广义的指派问题是指：给定工件集$J=\{J_1, J_2,\cdots,J_n\}$、非同类机器集$M=\{M_1,M_2,\cdots,M_m\}$和常数$B$，当工件$J_j$在机器$M_i$上加工时，加工时间为$p_{ij}$，加工费用为$c_{ij}$，每个工件必须被$M$中的一台机器加工且不可中断，求一个指派方案，使所有工件的加工费用之和不超过给定常数B，且机器的最大完工时间最小。给

定问题 $P\left|\sum_{J_j\in R} e_j \leqslant B\right|C_{\max}$ 的任意一个实例 I，按如下方式构造广义指派问题的一个实例 $\tau(I)$：包含 $m+1$ 台机器，工件 J_j 在前 m 台机器上的处理时间均为 $p_{ij}=p_j$，加工费用均为 $c_{ij}=0$。工件 J_j 在最后一台机器 M_{m+1} 上的处理时间均为0，加工费用均为 e_j。不难验证，对应于两个不同问题的实例 I 和 $\tau(I)$ 的最优值相同，且最优解可以相互转化。因此，调用 Shmoys 和 Tardos(1993) 的研究中基于线性规划和匹配的取整算法，可以得到问题 $P\left|\sum_{J_j\in R} e_j \leqslant B\right|C_{\max}$ 的一个 2-近似算法。然而，他们的算法不是强多项式的，因为算法要求解一个线性规划，时间复杂性将依赖于输入长度。

广义的指派问题及其变种是组合最优化领域最受关注的问题之一。假定广义的指派问题存在着一个加工费用之和不超过常数 B，且机器的最大完工时间不超过常数 T 的调度方案。Lin 和 Vitter(1992) 提出一个多项式时间取整算法，能找到一个最大完成时间至多为 $(2+1/\varepsilon)T$，总的罚值至多为 $(1+\varepsilon)B$ 的调度方案。Shmoys 和 Tardos(1993) 提出了一个巧妙的多项式时间算法，能找到一个最大完成时间至多为 $2T$，总的罚值至多为 B 的调度方案，这是目前的最佳结果。当机器数 m 为固定常数时，Jansen 和 Porkolab (2001) 设计了一个全多项式时间近似方案，能在 $O(n(m/\varepsilon)^{O(m)})$ 时间内找到一个最大完成时间至多为 $(1+\varepsilon)T$，总罚值至多为 $(1+\varepsilon)B$ 的调度方案；Angel 等(2001) 设计了一个全多项式时间近似方案，能在 $O(n^{m+1}/\varepsilon^m)$ 内找到一个最大完成时间至多为 $(1+\varepsilon)T$，总的罚值至多为 B 的调度方案。因此，Angel 等(2001) 研究中的算法是问题 $P_m\left|\sum_{J_j\in R} e_j \leqslant B\right|C_{\max}$ 的一个 FPATS。Zhang 等(2009) 对于问题 $P_m\left|\sum_{J_j\in R} e_j \leqslant B\right|C_{\max}$ 也设计了一个运行时间为 $O(n^{m+2}/\varepsilon^m)$ 的全多项式时间近似方案。

本章中，我们提出问题 $P\left|\sum_{J_j\in R} e_j \leqslant B\right|C_{\max}$ 的一个强多项式时间 2-近似

算法。基于此 2-近似算法，设计了一个多项式时间近似方案。当机器数为固定常数时，设计了问题$P_m\left|\sum_{J_j\in R}e_j\leqslant B\right|C_{\max}$的一个全多项式时间近似方案。在工件的数目足够大的情况下，比如$n>1/\varepsilon$，在大多数实际情况下，这是一个合理的工件数量，全多项式时间近似方案有一个更好的运行时间，为$O(1/\varepsilon^{2m+3}+mn^2)$。

2.2　问题$P\left|\sum_{J_j\in R}e_j\leqslant B\right|C_{\max}$的强多项式时间算法

如前所述，尽管问题$P\left|\sum_{J_j\in R}e_j\leqslant B\right|C_{\max}$存在一个 2-近似算法(Shmoys and Tardos，1993)，但是此算法不是强多项式的，因为它要求解一个线性规划，而迄今为止，人们并未找到求解线性规划的强多项式算法。令$I=(M,J,p,e,B)$表示问题$P\left|\sum_{J_j\in R}e_j\leqslant B\right|C_{\max}$的一个实例，这里$M$、$J$分别表示机器集和工件集。对于任意工件集合$X\subseteq J$，$p(X)=\sum_{J_j\in X}p_j$表示工件集$X$的总加工时间，$e(X)=\sum_{J_j\in X}e_j$表示工件集$X$的总罚值。对于实例$I$，令$S_i$($i\in\{1,2,\cdots,m\}$)表示机器$M_i$加工的工件集，$R$表示被拒绝的工件集。如果$(S_1,S_2,\cdots,S_m;R)$满足：

(1) $\bigcup_{i=1}^m S_i\bigcup R=J$；

(2) $S_i\bigcap S_j=\phi$，$i\neq j$ 且$S_k\bigcap R=\phi$，$k\in\{1,2,\cdots,m\}$

则称$(S_1,S_2,\cdots,S_m;R)$是一个调度。进一步地，如果$e(R)\leqslant B$，称调度$(S_1,S_2,\cdots,S_m;R)$是可行的。对于$1\leqslant i\leqslant m$，机器M_i的完工时间等于分配到机器M_i的工件总的加工时间，即$p(S_i)$，调度的最大完工时间等于$\max_{1\leqslant i\leqslant m}p(S_i)$。若调度$(S_1,S_2,\cdots,S_m;R)$是可行的且调度的最大完成时间达到最小，称调度$(S_1,S_2,\cdots,S_m;R)$是最优调度。令OPT表示最优调度的最大完成

时间。对于实例I，在没有可行调度的情况下，令$\mathrm{OPT}=\infty$。

考虑一个最优调度$(S_1^*,S_2^*,\cdots,S_m^*;R^*)$，假定已知这个调度中被接受的工件最大加工时间为$p_{\max}$，即$p_{\max}=\max\{p_j \mid J_j\in\bigcup_{i=1}^m S_i^*\}$。为了构造问题$P\left|\sum_{J_j\in R}e_j\leqslant B\right|C_{\max}$的一个2−近似算法，一个简单的想法是拒绝所有大于$p_{\max}$的工件和一些其他的工件。如果有可能的话，只要拒绝工件的总罚值不超过给定的界B即可，然后如列表算法那样，贪婪地分配剩余的工件。幸运地是，这个简单的想法的确可以产生一个2−近似算法。事实上，不需要先前知道最优调度中最大工件的加工时间$p_{\max}$，因为可以最多尝试n次来选择一个最好的调度。

考虑问题$P\left|\sum_{J_j\in R}e_j\leqslant B\right|C_{\max}$的一个实例$I=(M,J,p,e,B)$。对于所有的工件$J_j\in J$，假定$e_j>0$，否则，所有罚值为0的工件可以被拒绝而不受界$B$的约束。同样，可以假定$\sum_{j=1}^n e_j>B$，否则，所有的工件都可以被拒绝，从而$\mathrm{OPT}=0$。不失一般性，假定$J$中的工件满足

$$\frac{p_1}{e_1}\leqslant\frac{p_2}{e_2}\leqslant\cdots\leqslant\frac{p_n}{e_n} \tag{2-1}$$

对于每一个下标$k\in\{1,2,\cdots,n\}$，按如下要求构造实例I的一个限制性实例$I_k=(M,J_k,p,e,B_k)$：

(1) 机器集和实例I中的机器集完全一样；

(2) 工件集J_k中工件的处理时间不超过p_k，即$J_k=\{J_j\in J \mid p_j\leqslant p_k\}$；

(3) 工件集J_k的处理时间和罚值与实例I中的一样；

(4) 实例I_k的界B_k是实例I的界减去$\sum_{J_j\in J\setminus J_k}e_j$，即$B_k=B-\sum_{J_j\in J\setminus J_k}e_j$。

令OPT_k是实例I_k最优值。如果$B_k<0$，则$\mathrm{OPT}_k=\infty$，表示实例I_k没有可行解。否则，利用下面的算法2.1可以得到实例I_k的一个可行调度。

算法 2.1

第 1 步：找满足 $\sum_{j\geq\tau_k;J_j\in J_k} e_j > B_k$ 的最大下标 τ_k，则有 $\sum_{j\geq\tau_k;J_j\in J_k} e_j \leqslant B_k$，且拒绝 J_k 中下标大于 τ_k 的所有工件，令 $R_k=\{J_j \mid j>\tau_k, J_j\in J_k\}$ 表示被拒绝工件的集合。

第 2 步：调用列表算法，将 $J_k \setminus R_k$ 中的工件分配给当前负载最小的机器。令 F_k 表示产生的可行调度，OUT_k 表示调度 F_k 的最大完成时间。

引理 2.1　算法 2.1 产生的 OUT_k 不超过 $2\mathrm{OPT}$。

证明：R_k^* 表示实例 I_k 的最优调度中被拒绝的工件的集合，则有 $e(R_k^*)\leqslant B_k$。由 R_k 的定义和 J_{τ_k} 的选择知，$e(R_k\cup\{J_{\tau_k}\})>R_k$。接下来证明下式成立：

$$p(R_k\cup\{J_{\tau_k}\})\geqslant p(R_k^*) \tag{2-2}$$

可以将 R_k^* 看作两个不相交集合的并，即 $R_k^*=LR_k^*\cup RR_k^*$，其中，

$$LR_k^*=\{J_j\in R_k^* \mid j<\tau_k\},\quad RR_k^*=\{J_j\in R_k^* \mid j\geqslant\tau_k\},\quad LR_k^*\cap RR_k^*=\phi$$

显然，RR_k^* 是 R_k^* 和 $R_k\cup\{J_{\tau_k}\}$ 的交，即有 $RR_k^*=R_k^*\cap(R_k\cup\{J_{\tau_k}\})$。类似地，也可以把 $R_k\cup\{J_{\tau_k}\}$ 看作两个不相交子集的并，即：

$$R_k\cup\{J_{\tau_k}\}=RR_k\cap RR_k^*,\quad RR_k=R_k\cup\{J_{\tau_k}\}-RR_k^*,\quad RR_k\cap RR_k^*=\phi$$

对于任意的 $J_j\in RR_k$，有 $j\geqslant\tau_k$。因为 $e(R_k\cup\{J_{\tau_k}\})>B_k\geqslant e(R_k^*)$，从而有 $e(RR_k)>e(LR_k^*)$。由工件的排序次序可知：

$$\begin{aligned}
p(RR_k) &= \sum_{J_j\in RR_k} p_j \\
&= \sum_{J_j\in RR_k} e_j\cdot p_j/e_j \\
&\geqslant e(RR_k)\cdot p_{\tau_k}/e_{\tau_k} \\
&> e(LR_k^*)\cdot p_{\tau_k}/e_{\tau_k} \\
&\geqslant p(LR_k^*)\text{。}
\end{aligned}$$

因此，$p(R_k\cup\{J_{\tau_k}\})=p(RR_k)+p(RR_k^*)\geqslant p(LR_k^*)+p(RR_k^*)=p(R_k^*)$，从而式(2-2)成立。令 start_j 表示工件 J_j 开始在机器 M_i 上加工的时间。对于实

例I_k，$J_{\tau'_k}$表示算法 2.1 中最后完成的工件。对于实例I_k，J_{τ_k}表示算法 2.1 中最后一个被分配给机器的工件。因此，有

$$\begin{aligned}\mathrm{OUT}_k &= \mathrm{start}_{\tau'_k} + p_{\tau'_k} \\ &\leqslant \mathrm{start}_{\tau_k} + p_k \\ &\leqslant \left[p(J_k) - p(R_k) - p_{\tau_k} \right] / m + p_k \\ &\leqslant \left[(p(J_k) - p(R_k^*)) \right] / m + p_k \\ &\leqslant 2\mathrm{OPT}_k\end{aligned}$$

这里，第一个不等式来自$\mathrm{start}_{\tau'_k} \leqslant \mathrm{start}_{\tau_k}$和$p_{\tau'_k} \leqslant p_k$；第二个不等式来自事实，即在$J_{\tau_k}$之前被分配工件的平均负载是$\mathrm{start}_{\tau_k}$的一个上界；第三个不等式来自不等式(2-2)；最后的不等式来自被接收工件的平均负载和最大加工时间都是OPT_k的下界。证毕。

强多项式时间的 2-近似算法如下：

算法 2.2

(1) 对每一个$k=1,2,\cdots,n$，构造I的限制性实例$I_k=(M,J_k,p,e,B_k)$。对于每一个I_k，调用算法 2.1 作为一个子程序来得到一个目标值为OUT_k的可行解。

(2) 在$\{F_1,\cdots,F_n\}$中，选择最小目标值为OUT的解F。

为了更好地理解算法 2.2，参考如下实例。

例 2.1　对于问题$P\left|\sum_{J_j\in R} e_j \leqslant B\right|C_{\max}$，考虑实例$I$，它有两台机器，四个工件，一个界$B=3$。被给工件的大小和罚值见下表，$\varepsilon$表示一个小的正数。

	J_1	J_2	J_3	J_4
p_j	3	3	3	ε
e_j	3	3	3	2ε

对于此例，构造了四个限制性实例。第一个限制性实例是 $I_1=(M,\bar{J}_1,p,e,B_1)$，$\bar{J}_1=\{J_1,J_2,J_3,J_4\}$，$B_1=3$。明显地，$\tau_1=3$，$R_1=\{J_j\mid j>3,j\in\bar{J}_1\}=\{J_4\}$，这意味着，必须分配 $\bar{J}_1\setminus R_1=\{J_1,J_2,J_3\}$ 中的工件到两台机器上。因此，$\mathrm{OUT}_1=6$。类似地，有 $\mathrm{OUT}_2=\mathrm{OUT}_3=6$。最后一个限制性实例是 $I_4=(M,\bar{J}_4,p,e,B_4)$，$\bar{J}_4=\{J_4\}$，$B_4=-6$。它意味着 $\mathrm{OPT}_4=\infty$。因此，由算法 2.2，输出值 $\mathrm{OUT}_1=\mathrm{OUT}_2=\mathrm{OUT}_3=6$，即 $\mathrm{OUT}=6$。

定理 2.1　对于问题 $P\left|\sum_{J_j\in R}e_j\leqslant B\right|C_{\max}$，算法 2.2 是一个强多项式的 2-近似算法，而且这个比率是紧的。

证明：由引理 2.1 和 OUT 的定义，可以得到下式：

$$\mathrm{OUT}=\min\{\mathrm{OUT}_k\mid k=1,2,\cdots,n\}\leqslant\min\{2\,\mathrm{OPT}_k\mid k=1,2,\cdots,n\}$$

明显地，$\mathrm{OPT}=\min\{\mathrm{OPT}_k\mid k=1,2,\cdots,n\}$。因此，$\mathrm{OUT}\leqslant 2\mathrm{OPT}$。这个不等式表明，对于问题 $P\left|\sum_{J_j\in R}e_j\leqslant B\right|C_{\max}$，算法 2.2 是一个 2-近似算法。明显地，算法 2.2 的运行时间是 $O(mn^2)$，这里 m 是机器的个数，n 是工件的个数。

在例 2.1 中，$\mathrm{OUT}=6$，从中可以看出最优调度应该把 J_1 拒绝，调度的最优值为 $\mathrm{OPT}=3+2\varepsilon$。因为 $\lim_{\varepsilon\to 0}6/(3+2\varepsilon)=2$，所以近似比是紧的。证毕。

例 2.2　对于问题 $P\left|\sum_{J_j\in R}e_j\leqslant B\right|C_{\max}$，考虑一个实例 I，它有 m 台机器，$m+2$ 个工件，界 $B=M^*$，这里 M^* 是一个正整数。工件的大小和罚值见下表，这里 ε 表示一个小正数。

	J_1	…	J_m	J_{m+1}	J_{m+2}
p_j	M^*	…	M^*	M^*	ε
e_j	M^*	…	M^*	M^*	2ε

在例 2.2 中，算法 2.2 将得到$\mathrm{OUT}=2M^*$，然而最优解将拒绝工件J_1，给出最优值$\mathrm{OPT}=M^*+2\varepsilon$。

2.3 辅 助 实 例

对问题$P\left|\sum_{J_j\in R}e_j\leqslant B\right|C_{\max}$的任何实例$I=(J,M,p,e,B)$，构造一个相应的辅助实例，其构造方式与 Alon 等(1998)的思想类似，其主要难点在于如何分配合适的罚值给辅助实例的小工件，以使得新实例可以在多项式时间内解决。

对于实例I，算法 2.2 可以产生一个最大完成时间为OUT的最优解F。为了方便，用L表示OUT。根据算法 2.2 的结论，有$\mathrm{OPT}\leqslant L\leqslant 2\mathrm{OPT}$，其等价形式为$L/2\leqslant L\leqslant 2\mathrm{OPT}$。如前所述，这里OPT代表实例$I$的最优值。在实例$I$的任何最优调度中，$L$表示被接受工件处理时间的上界。然后我们拒绝处理时间大于L的工件并减小B。现在，对于实例$I=(J,M,p,e,B)$，可以假定$p_j\leqslant L$，$j=1,2,\cdots,n$。

让δ是一个小正数以使得$1/\delta$是整数。为了方便，实例I中处理时间大于δL的工件被叫作大工件，其余的工件被叫作小工件。令$l=(1-\delta)/\delta^2$，则l是一个整数。把工件集J中的工件划分成l个大工件构成的子集：

$$L_k=\{J_j\mid(\delta+(k-1)\delta^2)L<p_j\leqslant(\delta+k\delta^2)L\}\quad(k=1,2,\cdots,l)$$

和一个小工件构成的子集$S=\{J_j\mid p_j\leqslant\delta L\}$。对于每一个$k=1,2,\cdots,l$，排列$L_k=\{J_1^k,J_2^k,\cdots,J_{|L_k|}^k\}$中的工件以使得

$$e(J_1^k)\geqslant e(J_2^k)\geqslant\cdots\geqslant e(J_{|L_k|}^k)$$

排列$S=\{J_1^S,J_2^S,\cdots,J_{|S|}^S\}$中的工件以使得

$$e(J_1^S)/p(J_1^S)\geqslant e(J_2^S)/p(J_2^S)\geqslant\cdots\geqslant e(J_{|S|}^S)/p(J_{|S|}^S)$$

令$\mathrm{ss}=p(S)=\sum_{J_j\in S}p_j$表示工件集$S$中所有工件的处理时间。构造依赖

于δ的对应实例$\hat{I}_\delta$如下：

(1)对于实例I的每个大工件J_j，$J_j \in L_k$，实例$\hat{I}_\delta$包含一个对应的工件$\hat{J}_j \in \hat{L}_k$，它的处理时间$\hat{p}_j = (\delta + k\delta^2)L$，$k = 1,2,\cdots,l$，它的罚值$e_j$保持不变，即$\hat{e}_j = e_j$。

(2)对于小工件集合S，实例$\hat{I}_\delta$包含一个对应的小工件集合$\hat{S}$，它由$\lceil ss/\delta L \rceil$个新工件构成，每个工件大小为$|\hat{S}| \leqslant |S| + 1$。即$\hat{S} = \{\hat{J}_1^S, \hat{J}_2^S, \cdots, \hat{J}_{\lceil ss/\delta L \rceil}^S\}$，$\hat{p}(\hat{J}_j^S) = \delta L$，$j = 1,\cdots,\lceil ss/\delta L \rceil$。根据构造，明显有$|\hat{S}| \leqslant |S| + 1$。现在，为工件集$\hat{S}$的每个工件分配罚值。工件$\hat{J}_1^S$的罚值满足：

$$\hat{e}(\hat{J}_1^S) = \sum_{k=1}^{t_1 - 1} e(J_k^S) + \frac{\delta L - \sum_{k=1}^{t_1 - 1} p(J_k^S)}{p(J_{t_1}^S)} e(J_{t_1}^S)$$

式中，t_1是满足$\sum_{j=1}^{t_1} p(J_j^S) \geqslant \delta L$的最小整数。工件$\hat{J}_j^S$的罚值满足

$$\hat{e}(\hat{J}_j^S) = \sum_{k=1}^{t_j - 1} e(J_k^S) + \frac{j\delta L - \sum_{k=1}^{t_j - 1} p(J_k^S)}{p(J_{t_j}^S)} e(J_{t_j}^S) - \sum_{q=1}^{j-1} \hat{e}(\hat{J}_q^S)$$

式中，t_j是满足$\sum_{j=1}^{t_j} p(J_j^S) \geqslant j\delta L$，$j = 2,3,\cdots,\lceil ss/\delta L \rceil - 1$的最小整数。工件$\hat{J}_{\lceil ss/\delta L \rceil}^S$的罚值满足：

$$\hat{e}(\hat{J}_{\lceil ss/\delta L \rceil}^S) = \sum_{k=1}^{|S|} e(J_k^S) - \sum_{q=1}^{\lceil ss/\delta L \rceil - 1} \hat{e}(\hat{J}_q^S)$$

因为$e(J_1^S)/p(J_1^S) \geqslant e(J_2^S)/p(J_2^S) \geqslant \cdots \geqslant e(J_{|S|}^S)/p(J_{|S|}^S)$，所以有

$$\hat{e}(\hat{S}) = e(S), \quad \hat{e}(\hat{J}_1^S) \geqslant \hat{e}(\hat{J}_2^S) \geqslant \cdots \geqslant \hat{e}(\hat{J}_{\lceil ss/\delta L \rceil}^S)$$

另外，机器集合是M，上界是B。

现在建立实例$\hat{I}$的最优调度和$l+1$维向量之间的联系，以使得可以有效地处理这些调度。考虑$\hat{I}_\delta$的一个最优调度$(\hat{S}_1^*, \hat{S}_1^*, \cdots, \hat{S}_1^*; R^*)$，让$v_k$表示调度中处理时间为$(\delta + k\delta^2)L$且被接受的工件数目，其中$k = 0,1,2,\cdots,l$。

明显地，每一个最优调度$(\hat{S}_1^*,\hat{S}_1^*,\cdots,\hat{S}_1^*;R^*)$都有一个$l+1$维向量与其对应。调度中被接受工件的处理时间之和用$T$表示，即$T=\hat{p}(\bigcup_{i=1}^{m}\hat{S}_i^*)$。

对于给定的一个$l+1$维向量$V=(v_0,v_1,\cdots,v_l)$，可能有实例$\hat{I}_\delta$的多个最优解与向量$V=(v_0,v_1,\cdots,v_l)$相对应。然而，每个工件的大小都是$(\delta+k\delta^2)L$，对应于某个$k\in\{0,1,\cdots,l\}$，我们用两种方式把工件集$\hat{J}$划分成两个子集$\hat{A}$和$\hat{R}$使得$\hat{A}$包含$\hat{S}$中v_0个工件和$\hat{L}_k$中v_k个工件（对于所有的k），而且$\hat{e}(R)\leqslant B$。因为每一个方式都产生最大完成时间相同的最优调度，所以用这种方式表示有相同最大完成时间的最优调度应该是合适的。换句话说，如果我们考虑所有可能的向量，并不会错过最优调度。而且对于问题$P\left|\sum_{J_j\in R}e_j\leqslant B\right|C_{\max}$，分配工件集$\hat{J}$到$m$台机器以使得$V=(v_0,v_1,\cdots,v_l)$是唯一与实例$\hat{I}$的最优调度对应的向量等价于最优地调度工件集$\hat{J}$到$m$台机器。

如果工件$\hat{J}$的划分$(\hat{A},\hat{R})$满足下面的条件，我们称向量$V=(v_0,v_1,\cdots,v_l)$是可行的：

(1) $\hat{A}\bigcup\hat{R}=\hat{J}$和$\hat{A}\bigcap\hat{R}=\phi$；

(2) $\hat{A}$包含$\hat{S}$中的v_0个工件和$\hat{L}_k$中v_k个工件，$k=0,1,\cdots,l$；

(3) $\hat{e}(\hat{R})\leqslant B$；

对于给定的向量$V=(v_0,v_1,\cdots,v_l)$，考虑工件$\hat{J}_1^S,\hat{J}_2^S,\cdots,\hat{J}_{v_0}^S\in\hat{S}$和$\hat{J}_1^k,\hat{J}_2^k,\cdots,\hat{J}_{v_k}^k$，$k=1,2,\cdots,l$，可以得到下面的结论：

(a) 当且仅当$v_0\leqslant\left|\hat{S}\right|$、$v_k\leqslant\left|\hat{L}_k\right|$（所有的$k$）和$\sum_{k=1}^{l}\sum_{j=1}^{v_k}\hat{e}(\hat{J}_j)+\sum_{j=1}^{v_0}\hat{e}(\hat{J}_j^S)\geqslant\hat{e}(\hat{J})-B$时向量$V=(v_0,v_1,\cdots,v_l)$是可行的。

证明：$(\hat{A},\hat{R})$是同时满足条件(1)、(2)、(3)的$\hat{J}$的划分。条件(1)和条件(2)意味着$v_0\leqslant\left|\hat{S}\right|$和$v_k\leqslant\left|\hat{L}_k\right|$（对于所有的$k$成立）。由条件(3)，可以得到$\hat{e}(\hat{A})\geqslant\hat{e}(\hat{J})-B$。因为$\hat{L}_k=\{J_1^k,J_2^k,\cdots,J_{|L_k|}^k\}$的工件满足$\hat{e}(J_1^k)\geqslant\hat{e}(J_2^k)\geqslant\cdots\geqslant\hat{e}(J_{|L_k|}^k)$，$\hat{S}$中的工件满足$\hat{e}(\hat{J}_1^S)\geqslant\hat{e}(J_2^k)\geqslant\cdots\geqslant\hat{e}(J_{|L_k|}^k)$，因此可以得到

$\sum_{k=1}^{l}\sum_{j=1}^{v_k}\hat{e}(\hat{J}_j^k)+\sum_{j=1}^{v_0}\hat{e}(\hat{J}_j^S)\geqslant\hat{e}(\hat{A})\geqslant\hat{e}(\hat{J})-B$。证毕。

对于最优调度$(\hat{S}_1,\hat{S}_2,\cdots,\hat{S}_m;\hat{R})$，被接收工件的处理时间之和达到$T$时，可以得到：

(b) 对于某个$k'\in\{0,1,\cdots,[m(1+2\delta)-\delta]/\delta^2\}$，有$\delta L\leqslant T\leqslant m(1+2\delta)L$和$T=(\delta+k'\delta^2)$。

证明：令$(\hat{S}_1,\hat{S}_2,\cdots,\hat{S}_m;\hat{R})$表示实例$\hat{I}_\delta$的任意可行调度。令$t$表示达到调度最大完成时间机器的下标值。因此，对于所有的i，有$\hat{p}(\hat{S}_i^*)\leqslant\hat{p}(\hat{S}_t)$。另外，对于所有的$i$，可以证明存在一个可行调度使得$\hat{p}(\hat{S}_i)\leqslant(1+2\delta)L$，这意味着$\hat{p}(\hat{S}_i^*)\leqslant(1+2\delta)L$，因此$T\leqslant m(1+2\delta)L$成立。作为实例$\hat{I}_\delta$中每个工件的处理时间不小于$\delta L$，因此，可以得到关系$\delta L\leqslant T\leqslant m(1+2\delta)L$。从实例$\hat{I}_\delta$的构造来看，任意工件的处理时间均为$\delta^2 L$的倍数，所以可以写成$T=\sum_{k=0}^{l}v_k(\delta+k\delta^2)L=(\delta+k'\delta^2)L$，在这里

$$k'=\left(\sum_{k=0}^{l}v_k-1\right)+\sum_{k=0}^{l}kv_k\in\{0,1,\cdots,[m(1+2\delta)-\delta]/\delta^2\}$$

证毕。

本节中的主要结果如下：

定理 2.2　对于问题$P\left|\sum_{J_j\in R}e_j\leqslant B\right|C_{\max}$的实例$\hat{I}_\delta$，存在一个运行时间为$O(nm^{O(1/\delta^2)})$的最优算法。

证明：通过穷举法表明这样的算法存在。从这个意义上，可以尝试所有可能解决问题$P\left|\sum_{J_j\in R}e_j\leqslant B\right|C_{\max}$的实例$\hat{I}_\delta$。在这里，我们的证明很大程度上依赖 Alon 等(1998)的工作。

对于所有使$1/\delta$为整数的小正数δ，构造相应实例$\hat{I}_\delta=(\hat{J},M,\hat{p},\hat{e},B)$。$T$是最优解中被接受工件的处理时间之和。对于所有的$T\in\{(\delta+k\delta^2)L\mid k=0,1,\cdots,$

$[m(1+2\delta)-\delta]/\delta^2\}$，接下来让$V_T=\left\{V=(v_0,v_1,\cdots,v_l)\middle|\sum_{k=0}^{l}v_k(\delta+k\delta^2)L=T\right\}$是大小为$T$的所有可行向量的集合。因为$\delta$是一个常数，明显有$|V_T|=O((T/\delta^2L+1+l)^l)=O((m(1+2\delta)/\delta^2+1+1/\delta^2)^{1/\delta^2})=O(m^{1/\delta^2})$。

对于所有的$V=(v_0,v_1,\cdots,v_l)\in T$，构造一个实例$\hat{I}_V$为经典的平行机调度问题$P\|C_{\max}$，这里实例$\hat{I}_V$包含$v_0$个$\hat{S}$中的小工件和$v_k$个$\hat{L}_k$中的大工件，$k=0,1,\cdots,l$。即$\hat{I}_V$包含工件$\hat{J}_1^S,\hat{J}_2^S,\cdots,\hat{J}_{v_k}^S\in\hat{S}$和$\hat{J}_1^k,\hat{J}_2^k,\cdots,\hat{J}_{v_k}^S\in\hat{L}_k$，$k=1,\cdots,l$。$\hat{A}_V$表示实例$\hat{I}_V$中所有工件的集合。现在，对于问题$P\|C_{\max}$的实例$\hat{I}_V$，Alon等(1998)的一个定理使我们能够在$O(n)$时间内找到最大完成时间为$C_V$的最优调度。对于问题$P\left|\sum_{J_j\in R}e_j\leqslant B\right|C_{\max}$的实例$\hat{I}$，$\hat{J}\setminus\hat{A}_V$给出了一个最大完成时间为$C_V$的可行调度。对于固定的$T$，尝试所有的$V$，将得到对应于$T$的最优调度，它的最大完成时间是$C_T=\min_{V\in V_T}C_V$，尝试$T$的所有可能值，最终将得到实例$\hat{I}$的最优调度，它的最大完成时间是

$$\hat{\mathrm{OPT}}=\min\left\{C_T\mid T=(\delta+k\delta^2)L,k=0,1,\cdots,l[m(1+2\delta)-\delta]/\delta^2\right\}$$

容易验证，上述方法可以在$O(l(m[1+2\delta)-\delta]/\delta^2\cdot m^{O(1/\delta^2)}\cdot n)=O(nm^{O(1/\delta^2)})$时间内，是关于输入长度的多项式函数。

研究对应实例和原实例最优值的关系，表明对应实例和原实例最优值的差可以被选择的参数约束。

引理 2.2　令 OPT 和 $\hat{\mathrm{OPT}}$ 分别表示原实例I和对应实例$\hat{I}_\delta$的最优值，则有下式成立：

$$\hat{\mathrm{OPT}}\leqslant\mathrm{OPT}+2\delta L\leqslant(1+2\delta)L$$

证明：$(S_1^*,S_2^*,\cdots,S_m^*;R^*)$表示实例$I$的最优调度，$S_i^*$表示机器$M_i$处理的工件集，$i=1,2,\cdots,m$，$R^*=J\setminus\bigcup_{i=1}^m S_i^*$表示拒绝的工件集。为了证明该引理，只需证明对于实例$\hat{I}_\delta$可以构造一个最大完成时间不超过$\mathrm{OPT}+2\delta L$的可行调度。

对于对应实例$\hat{I}_\delta$，构造一个调度$(\hat{S}_1,\hat{S}_2,\cdots,\hat{S}_m;\hat{R})$，$\hat{S}_i$表示机器$M_i$处理的工件集，$i=1,2,\cdots,m$，$\hat{R}$表示拒绝的工件集。机器$M_i$按照下标的顺序处理$\hat{L}_k$中的前$\left|S_i^*\cap\hat{L}_k\right|$个工件。令$\hat{Q}_{ik}$表示机器$M_i$处理的$\left|S_i^*\cap\hat{L}_k\right|$个工件的集合。因此，机器$M_i$处理的大工件集合为$\cup_{k=1}^l\hat{Q}_{ik}$。

机器M_i处理$\hat{S}$中的$\hat{s}_i$工件以使得：

(a) $\hat{s}_i\in\{\lceil p(S\cap S_i^*/\delta L)\rceil,\lceil p(S\cap S_i^*/\delta L)\rceil-1\}$；

(b) $\sum\limits_{i=1}^m\hat{s}_i\leqslant\left|\hat{S}\right|$；

(c) 在(a)和(b)的约束下，$\sum\limits_{i=1}^m\hat{s}_i$尽可能大。

用$\hat{W}_i$表示$\hat{S}$中$\hat{s}_i$个工件的集合，令$W=\sum\limits_{i=1}^m\hat{s}_i$。明显地，机器$M_i$加工的小工件集合是$\hat{W}_i$，而且$\left|\hat{W}_i\right|=\hat{s}_i$。

说明：根据$L_k=\{J_1^k,J_2^k,\cdots,J_{|L_k|}^k\}$、$e(J_1^k)\geqslant e(J_2^k)\geqslant\cdots\geqslant e(J_{|L_k|}^k)$以及$\hat{L}_k$的构造可知，在$\hat{L}_k$中应选择总罚值尽可能大的工件。

从上面的构造，可以得到：

(1) $\hat{S}_i=(\bigcup_{k=1}^l\hat{Q}_{ik})\bigcup\hat{W}_i$，$i=1,2,\cdots,m$。

(2) 机器$M_1,\cdots,M_m$处理工件集$\hat{L}_k$中的大工件总数目为

$$\sum_{i=1}^m\left|\hat{Q}_{ik}\right|=\bigcup_{k=1}^l\left|S_i^*\cap L_k\right|=\left|\bigcup_{i=1}^m S_i^*\cap L_k\right|$$

(3) 每一个机器M_i处理的$\bigcup_{k=1}^l\hat{L}_k$中的大工件总数目为

$$\sum_{i=1}^m\left|\hat{Q}_{ik}\right|=\bigcup_{k=1}^l\left|S_i^*\cap L_k\right|=\left|S_i^*\cap(\bigcup_{k=1}^l L_k)\right|$$

(4) 机器处理的大工件的总数目为

$$\sum_{k=1}^l\sum_{i=1}^m\left|S_i^*\cap L_k\right|=\sum_{i=1}^m\sum_{k=1}^l\left|S_i^*\cap L_k\right|$$

(5) 存在一个分配满足$(\hat{S}_1,\hat{S}_2,\cdots,\hat{S}_m;\hat{R})$的结构要求。

接下来，可以选择$\hat{S}$中$\hat{s}_i$个小工件以满足(a)、(b)、(c)。的确，由定

义，容易得到：

$$\begin{aligned}\sum_{i=1}^{m}(\lceil p(S\cap S_i^*)/\delta L\rceil-1) &\leqslant \sum_{i=1}^{m}p(S\cap S_i^*)/\delta L\\ &= p(S\cap \bigcup_{i=1}^{m}S_i^*)/\delta L\\ &\leqslant p(S)/\delta L\\ &\leqslant \lceil p(S)/\delta L\rceil\\ &=\left|\hat{S}\right|\end{aligned}$$

即(5)得证，因为首先选择的比所有 i 都小的 $\hat{s}_i$ 同时满足(a)、(b)。在(a)、(b)的约束下，更新某个 $\hat{s}_i$ 达到最大。

(6) 对于实例 $\hat{I}_\delta$，$(\hat{S}_1,\hat{S}_2,\cdots,\hat{S}_m;\hat{R})$ 是一个可行的调度。

为了证明(6)，从 $\hat{Q}_{ik}$ 选择的角度，首先注意到：

$$\begin{aligned}\hat{e}(\bigcup_{i=1}^{m}\hat{S}_i) &= \sum_{i=1}^{m}(\hat{e}(\bigcup_{k=1}^{l}\hat{Q}_{ik})+\hat{e}(\hat{W}_i))\\ &= \sum_{i=1}^{m}(\sum_{k=1}^{l}\hat{e}(\bigcup_{k=1}^{l}\hat{Q}_{ik}))+\sum_{i=1}^{m}\hat{e}(\hat{W}_i)\\ &\geqslant \sum_{i=1}^{m}\sum_{k=1}^{l}e(S_i^*\cap L_k)+e(S\cap\bigcup_{i=1}^{m}S_i^*)\\ &= e(\bigcup_{i=1}^{m}S_i^*)\end{aligned}$$

这意味着，对于对应实例 $\hat{I}_\delta$，我们构造的调度被接受工件的总罚值不超过原实例 I 最优调度被接受工件的总罚值。另外，从 $\hat{J}$ 和 $\hat{e}(\hat{J})=e(J)$ 的构造看，容易地得到：

$$\hat{e}(\hat{R})=\hat{e}(\hat{J})-\hat{e}(\bigcup_{i=1}^{m}\hat{S}_i)\leqslant e(J)-e(\bigcup_{i=1}^{m}S_i^*)\leqslant B$$

这意味着 $(\hat{S}_1,\hat{S}_2,\cdots,\hat{S}_m;\hat{R})$ 是可行的。

(7) 对每一个下标 $i\in\{1,2,\cdots,m\}$，机器 M_i 的负载满足 $\hat{p}(\hat{S}_i)\leqslant OPT+2\delta L$。可以得到：

$$\begin{aligned}\hat{p}(\hat{S}_i) &= \hat{p}(\bigcup_{k=1}^{l}\hat{Q}_{ik})+\hat{p}(\hat{W}_i)\\ &= \sum_{k=1}^{l}\left|\hat{Q}_{ik}\right|(\delta+k\delta^2)L+\hat{s}_i\delta L\end{aligned}$$

$$\leqslant \sum_{k=1}^{l}\left|\hat{Q}_{ik}\right|(\delta+k\delta^2)L+p(S\cap S_i^*)+\delta L$$
$$=\sum_{k=1}^{l}\left|S_i^*\cap L_k\right|(\delta+(k-1)\delta^2)+\sum_{k=1}^{l}\left|S_i^*\cap L_k\right|\delta^2 L+p(S\cap S_i^*)+\delta L$$
$$\leqslant p(S_i^*\cap\cup_{k=1}^{l}L_k)+p(S\cap S_i^*)+2\delta L$$
$$=p(S_i^*)+2\delta L$$
$$\leqslant OPT+2\delta L$$

所有等式来自定义的简单变换。第一个不等式来自

$$\hat{s}_i\delta L=\lceil p(S\cap S_i^*)/\delta L\rceil\cdot\delta L\leqslant p(S\cap S_i^*)+\delta L$$

第二个不等式来自

$$\sum_{k=1}^{l}\left|S_i^*\cap L_k\right|\leqslant 1/\delta \text{ 和 } p(S_i^*\cap\cup_{k=1}^{l}L_k)\leqslant \mathrm{OPT}\leqslant L$$

最后的不等式来自 OPT 和 S_i^* 的定义。

因此，调度 $(\hat{S}_1,\hat{S}_2,\cdots,\hat{S}_m;\hat{R})$ 的最大完成时间不超过 $\mathrm{OPT}+2\delta L$，反过来，最大完成时间不超过 $(1+2\delta)L$。证毕。

引理 2.3 OPT 和 $\mathrm{O\hat{P}T}$ 分别表示原实例 I 和对应实例 $\hat{I}_\delta$ 的最优值，则下式成立：

$$\mathrm{OPT}\leqslant \mathrm{O\hat{P}T}+\delta L$$

证明： $(\hat{S}_1^*,\hat{S}_2^*,\cdots,\hat{S}_m^*;\hat{R}^*)$ 表示实例 $\hat{I}_\delta$ 的最优解，$\hat{S}_i^*$ 表示机器 M_i 处理的工件集合，$k\in\{1,2,\cdots,l\}$，而且 $\hat{R}^*=\hat{J}\setminus\cup_{i=1}^{m}\hat{S}_i^*$ 表示拒绝的工件集合。为了证明引理，我们需要证明实例 I 的一个可行调度可以在多项式时间内被构造，而且调度的最大完成时间不超过 $\mathrm{O\hat{P}T}+\delta L$。令 $\hat{A}$ 表示接受工件的集合，$\hat{s}=\left|\hat{A}\cap\hat{S}\right|$ 表示接受的小工件的数目，q_k 表示 $\hat{L}_k$ 中接受的大工件的数目，$k\in\{1,2,\cdots,l\}$。

明显地，$e(\hat{R}^*)\leqslant B$，从 $\hat{S}$ 和 $\hat{L}_k$ 的构造的角度来看，它们包含的工件以罚值非减的顺序排列。可以得到：

(1) $\hat{S}$ 中的前 $\hat{s}$ 个工件被接受而且 $\hat{L}_k$ 的前 q_k 个工件被接受，$k\in\{1,2,\cdots,l\}$。

实际上，如果一些下标大于(或小于) $\hat{s}$ (或 q_k)的小工件被接受，则有一个下标不小于 $\hat{s}$ (或 q_k)的小工件被拒绝。交换这两个工件产生一个相同完成时间的可行调度，从而(1)得证。

对于实例 I，构造一个调度如下：S_i 表示机器 M_i 处理的工件集，$i=1,2,\cdots,m$；R 表示被拒绝的工件集。机器 M_i 处理 $\hat{L}_k$ 序列中的前 $\left|\hat{S}_i^*\cap\hat{L}_k\right|$ 个工件，$k=1,2,\cdots,l$。Q_{ik} 表示被处理的 $\left|\hat{S}_i^*\cap\hat{L}_k\right|$ 个工件的集合。因此机器 M_i 处理的大工件集合是 $\bigcup_{k=1}^{l}Q_{ik}$。注意到 $\left|\bigcup_{k=1}^{l}Q_{ik}\right|=\sum_{i=1}^{m}\left|Q_{ik}\right|=q_k$。机器 M_i 处理 S 中的 s_i 个小工件以使得：

(a) $p(W_i)\leqslant(\hat{s}_i+1)\delta L$，$W_i$ 表示 S 中 s_i 个小工件的集合，$\hat{s}_i=\left|\hat{S}_i^*\cap\hat{S}\right|$ 表示最优解 $(\hat{S}_1^*,\hat{S}_2^*,\cdots,\hat{S}_m^*;\hat{R}^*)$ 中机器 M_i 处理的小工件的数目。

(b) $\bigcup_{i=1}^{m}W_i=\{J_1^S,J_2^S,\cdots,J_s^S\}$，$s$ 是使 $\sum_{j=1}^{s}p(J_j^S)\geqslant\hat{s}\delta L$ 成立的最小数。

注意小工件的分配等价于 $\{J_1^S,J_2^S,\cdots,J_s^S\}$ 存在一个划分 $(W_1,W_2,\cdots,W_m)$ 以使得 $p(W_i)\leqslant(\hat{s}_i+1)\delta L$，$i\in\{1,2,\cdots,m\}$。

(2) 对于 $i=1,2,\cdots,m$，由 s、$\hat{s}$ 和 $\hat{s}_i$ 的定义，可以得到：的确存在这样一个分配，集合 $\{J_1^S,J_2^S,\cdots,J_s^S\}$ 可以被划分成 m 个子集 $(W_1,W_2,\cdots,W_m)$ 以使得 $\bigcup_{i=1}^{m}W_i=\{J_1^S,J_2^S,\cdots,J_s^S\}$，$W_i\cap W_j=\phi$，$i,j\in\{1,2,...,s\}$，$p(W_i)\leqslant(\hat{s}_i+1)\delta L$ 对于所有的 i 成立。

考虑相反情况：$\{J_1^S,J_2^S,\cdots,J_s^S\}$ 的任何划分使得 $p(W_k')>(\hat{s}_k+1)\delta L$ 成立，$k\in\{1,2,\cdots,s\}$。$(W_1',W_2',\cdots,W_m')$ 是 $\{J_1^S,J_2^S,\cdots,J_s^S\}$ 的一个划分而且它的 $\max_i p(W_i')$ 最小。k 是 $p(W_k')$ 达到最大值的下标，令 $\mathrm{MAX}=p(W_k')$。然后由假设，有 $p(W_k')>(\hat{s}_k+1)\delta L$。由 s 的定义，则有 $\sum_{i=1}^{m}p(W_i')\geqslant\hat{s}\delta L$，从而存在一个 k' 使 $p(W_{k'}')<\hat{s}_{k'}\delta L$ 成立。否则，对于 $i\in\{1,2,\cdots,s\}$ 且 $i\neq k$，有 $p(W_i')\geqslant\hat{s}_i\delta L$。再由假设 $p(W_k')>(\hat{s}_k+1)\delta L$，有 $\sum_{i=1}^{m}p(W_i')>(\hat{s}+1)\delta L$，从而

得到矛盾。现在，令 $J_k \in W'_k$。设置 $W'_k = W'_k \setminus \{J_k\}$ 和 $W'_{k'} = W'_{k'} \cup \{J_k\}$，根据这个操作，得到 $\{J_1^S, J_2^S, \cdots, J_s^S\}$ 的一个新划分 $(W'_1, W'_2, \cdots, W'_m)$，而且 $p(W'_k) < \mathrm{MAX}$。如果仍然有一个下标 l 使得 $p(W'_l) = \mathrm{MAX} > (\hat{s}_l + 1)\delta L$，则可以找到一个下标 l' 使得 $p(W'_{l'}) < \hat{s}_{l'}\delta L$。移动 W'_l 的一个小工件到 $W'_{l'}$ 产生 $\{J_1^S, J_2^S, \cdots, J_s^S\}$ 的一个新划分 $(W'_1, W'_2, \cdots, W'_m)$。重复此过程，如有需要，得到 $\{J_1^S, J_2^S, \cdots, J_s^S\}$ 的一个新划分 $(W'_1, W'_2, \cdots, W'_m)$，使得要么 $p(W'_i) \leqslant (\hat{s}_i + 1)\delta L$，令 $\hat{s}_i$ 代表某合适的 $\hat{s}_i$，要么 $p(W'_i) < \mathrm{MAX}$，这与划分的 $\max_i p(W'_i)$ 符合最小性矛盾。无论哪种情况，都可以用反证法证明(2)成立。

(3) $(S_1, S_2, \cdots, S_m; R)$ 是实例 I 的一个可行调度。

A 表示 $(S_1, S_2, \cdots, S_m; R)$ 接受的工件集合。因为 $\hat{L}_k$ 中的工件以罚值的非减顺序排列，S 中的工件以罚值与大小比的非减顺序排序。解 $(S_1, S_2, \cdots, S_m)$ 接受的工件的总罚值，至少为 $e(\hat{A})$。因此，$e(R) = e(\hat{J}) - e(A) \leqslant e(\hat{J}) - e(\hat{A}) = e(R) \leqslant B$，从而(3)得证。

(4) 对于每一个下标 $i \in \{1, 2, \cdots, m\}$，机器 M_i 的负载满足 $p(S_i) \leqslant O\hat{P}T + \delta L$。

类似于在引理 2.2 做出的论证，有 $p(S_i) \leqslant \hat{p}(\hat{S}_i) + \delta L \leqslant O\hat{P}T + \delta L$。第一个不等式来自对 $p(J_j^k) \leqslant \hat{p}(\hat{J}_j^k)$ 的观察，第二个不等式来自 $\mathrm{O\hat{P}T} = \max_i \hat{p}(\hat{S}_i)$。因此，$(S_1, S_2, \cdots, S_m)$ 最大完成时间不超过 $\mathrm{O\hat{P}T} + \delta L$。从而(4)得证。

2.4 近似方案

在本节中，以 2.2 节的算法 2.2 为基础，对于问题 $P\left|\sum_{J_j \in R} e_j \leqslant B\right|C_{\max}$，致力于提出一个多项式时间近似方案，而且它的运行时间为 $O(nm^{O(1/\varepsilon^2)})$。多项式时间近似方案的结构本质上利用两个事实。首先，问题

$P\left|\sum_{J_j\in R}e_j\leqslant B\right|C_{\max}$ 的任何实例都可以被转化为相应的辅助实例，辅助实例有一个良好的特性，并且可以在多项式时间内求得最优解。其次，在对应实例的最优解和原实例的最优解的差可以被选择的参数约束时，对应实例和原实例几乎是等价的。因此，任何可以最优地解决对应实例的算法都可以被用作原实例的解。当机器的数目是常数时，甚至可以更有效地解决对应实例。因此对于问题 $P\left|\sum_{J_j\in R}e_j\leqslant B\right|C_{\max}$，可以得到一个多项式时间近似方案。

对于问题 $P\left|\sum_{J_j\in R}e_j\leqslant B\right|C_{\max}$，给出一个近似方案，通过估计近似方案的运行时间，得到如下两个结论：

(1) 问题 $P\left|\sum_{J_j\in R}e_j\leqslant B\right|C_{\max}$ 存在一个多项式时间近似方案；

(2) 问题 $P_m\left|\sum_{J_j\in R}e_j\leqslant B\right|C_{\max}$ 存在一个全多项式时间近似方案，m 是一个固定常数。

对于问题 $P\left|\sum_{J_j\in R}e_j\leqslant B\right|C_{\max}$ 的实例 I 和一个正的常数 $\varepsilon\in(0,1)$，我们的近似方案执行如下。

第1步：设置 $\delta\leqslant\varepsilon/6$ 以使得 $1/\delta$ 是一个正整数。构造实例 I 的对应实例 $\hat{I}_\delta$。

第 2 步：最优地解决实例 I，假设产生的调度为 $(\hat{S}_1^*,\hat{S}_2^*,\cdots,\hat{S}_m^*;\hat{R}^*)$。

第 3 步：利用引理 2.3 的证明，把调度 $(\hat{S}_1^*,\hat{S}_2^*,\cdots,\hat{S}_m^*;\hat{R}^*)$ 转换为原实例 I 的一个调度 $(S_1,S_2,\cdots,S_m)$。

定理 2.3　对于问题 $P\left|\sum_{J_j\in R}e_j\leqslant B\right|C_{\max}$，存在一个运行时间为 $O(nm^{O(1/\varepsilon^2)}+mn^2)$ 的多项式时间近似方案。

证明：对于任意常数 $\varepsilon\in(0,1)$，有 $\delta\leqslant\varepsilon/6$ 以使得 $1/\delta$ 是一个正整数。第一，根据前面提到的方案首先构造对应实例 $\hat{I}_\delta$。第二，最优地解决 $\hat{I}_\delta$。第三，得到实例 I 的一个可行调度 $(S_1,S_2,\cdots,S_m)$。基于引理 2.2 和引理 2.3，

$(S_1,S_2,\cdots,S_m;R)$ 的目标值至多为 $\mathrm{OPT}+3\delta L$，再由不等式 $L\leqslant 2\mathrm{OPT}$，目标值不超过 $(1+6\delta)\mathrm{OPT}=(1+\varepsilon)\mathrm{OPT}$。

由定理 2.1，我们需要 $O(mn^2)$ 时间计算 L，不超过 $O(mn^2)$ 的时间构造对应实例 $\hat{I}_\delta$，把实例 $\hat{I}$ 的最优调度 $(\hat{S}_1^*,\hat{S}_2^*,\cdots,\hat{S}_m^*;\hat{R}^*)$ 转换为实例 I 的一个可行调度的时间也不超过 $O(mn^2)$。而且，由定理 2.2 和 $\delta=\varepsilon/6$，最优地解决实例 $\hat{I}_\delta$ 的运行时间是 $O(nm^{O(1/\delta^2)})$，也可表示为 $O(nm^{O(1/\varepsilon^2)})$。因此，方案的运行时间等于 $O(nm^{O(1/\varepsilon^2)}+mn^2)$。证毕。

定理 2.4　对于实例 I，存在一个近似方案，即实例 $\hat{I}_\delta$ 可以最优地被解决。而且，方案的运行时间等于解决实例 $\hat{I}_\delta$ 的任何算法的运行时间加上 $O(mn^2)$。

由定理 2.4 知，我们的近似方案运行时间的改进有两种方式，要么设计原问题的一个时间复杂度更低的强多项式时间近似算法，要么设计一个实例 $\hat{I}_\delta$ 的一个时间复杂性更低的最优算法。例如，当机器的数目固定，实例 $\hat{I}_\delta$ 中的工件数目受限时，基于动态规划，对于问题 $P_m\left|\sum_{J_j\in R}e_j\leqslant B\right|C_{\max}$ 的实例 I，我们能够设计一个更有效的最优算法。

定理 2.5　I 是问题 $P\left|\sum_{J_j\in R}e_j\leqslant B\right|C_{\max}$ 的一个实例，$\hat{I}_\delta$ 是 I 的对应实例，$\delta\in(0,1)$。对于实例 $\hat{I}_\delta$，存在一个运行时间为 $O(1/\delta^{2m+3})$ 的最优算法。

证明： 实例 $\hat{I}_\delta$ 中工件处理时间至少为 δL。由引理 2.2 可知，实例 $\hat{I}_\delta$ 的最优解接受工件的数目至多为 $m(1+2\delta)L/\delta L=(1/\delta+2)m$。接受的工件集至多包含 $\hat{L}_k$ 中的 $(1/\delta+2)m$ 个工件和 $\hat{S}$ 中至多 $(1/\delta+2)m$ 个工件。因此，构造一个新的实例 $\hat{I}_1$，它包含 $\hat{S}$ 中的小工件 $\hat{J}_1^S,\hat{J}_2^S,\cdots,\hat{J}_{\hat{n}_0}^S$，$\hat{n}_0=\min\left\{\left|\hat{S}\right|,(1/\delta+2)m\right\}$ 和 $\hat{L}_k$ 中的大工件 $\hat{J}_1^k,\hat{J}_2^k,\cdots,\hat{J}_{\hat{n}_k}^k$，$\hat{n}_k=\min\left\{\left|\hat{L}_k\right|,(1/\delta+2)m\right\}$，$k=1,2,\cdots,l$。

为了方便，我们说实例 $\hat{I}_1$ 包含 $\hat{n}$ 个工件 $\hat{J}_1,\hat{J}_2,\cdots,\hat{J}_{\hat{n}}$，$\hat{n}=\hat{n}_0+\hat{n}_1+\cdots+\hat{n}_l$。对于实例 $\hat{I}_\delta$ 和 $\hat{I}_1$ 的每一个工件，让 $\hat{p}_j$ 和 $\hat{e}_j$ 表示工件的处理时间和罚值。明显地，$\hat{n}\leqslant(l+1)(1/\delta+2)m=\left[(1-\delta)/\delta^2+1\right](1/\delta+2)m=O(m/\delta^3)$。我们用一

个 m 维的向量 $u=(u_1,\cdots,u_m)$ 表示 m 台机器的负载，u_i 表示机器 M_i 的负载，其中，$i=1,2,\cdots,m$。对于一个负载向量 $u=(u_1,\cdots,u_m)$，$\Gamma_j(u)=\Gamma_j(u_1,\cdots,u_m)$ 表示第 j 个工件分配之后被接受工件最大总罚值。

为了完整性，我们根据 Horowitz 和 Sahni（1976）修改的动态规划来找实例 $\hat{I}_1$ 的一个最优解。

算法 2.3

第 1 步：设置 $F_0=\{(0,0,\cdots,0)\}$，定义 $\Gamma=\{(0,0,\cdots,0)\}=0$。

第 2 步：对于 $j=1,2,\cdots,\hat{n}$，设置 $F_j=F_{j-1}$，$\Gamma_j(u)=\Gamma_{j-1}(u)$。对于每一个 $u=(u_1,\cdots,u_m)\in\Gamma_{j-1}$ 和 $i=1,2,\cdots,m$，有如下两种情况：

情况 a：如果 $u'=u+\hat{p}_j e_i\in F_{j-1}$ 和 $\Gamma_{j-1}(u')\geqslant\Gamma_{j-1}(u)+\hat{e}_j$，则有 $F_j=F_j$。e_i 是标准的单位向量，它的第 i 个元素是 1，其余的元素为 0。

情况 b：设置 $F_j=F_j\cup\{u'\}$ 和 $\Gamma_j(u')=\Gamma_{j-1}(u)+\hat{e}_j$。

第 3 步：输出 $\hat{\mathrm{OPT}}=\min\left\{\max_i u_i \mid u\in F_{\hat{n}},\sum_{j=1}^{\hat{n}}\hat{e}_j-\Gamma_{\hat{n}}\leqslant B\right\}$。

实际上，算法考虑了所有可能的情况。因此，算法 2.3 可以给出实例 $\hat{I}_1$ 的最优解。由引理 2.2 和 $\hat{I}_1$ 中工件的处理时间是 $\delta^2 L$ 的整数倍，有 $\left|F_j\right|\leqslant((1+2\delta)/\delta^2+1)^m=O(1/\delta^{2m})$，$j=1,2,\cdots,\hat{n}$。因此，算法 2.3 的运行时间是 $O\left(\sum_{j=1}^{\hat{n}}\left|F_j\mid m\right|\right)=O(\hat{n}\mid F_j)=O(1/\delta^{2m+3})$。

由定理 2.4 和定理 2.5，可得到下面的定理。

定理 2.6　对于问题 $P_m\left|\sum_{J_j\in R}e_j\leqslant B\right|C_{\max}$，存在一个运行时间为 $O(1/\varepsilon^{2m+3}+mn^2)$ 的全多项式时间近似方案。

证明：根据 m 是一个常数和 $\delta=\varepsilon/6<1/6$，很显然有 $O(1/\delta^{2m+3})=O(1/\varepsilon^{2m+3})$。

2.5 问题 $P\left|\sum_{J_j\in R} e_j \leqslant B\right| l_p$ 的全多项式时间近似方案

当目标函数为 max-min 时，为了使得机器的最小完全时间尽可能地大，所有工件都不会被拒绝，因此，问题 $P\left|\sum_{J_j\in R} e_j \leqslant B\right| C_{\min}$ 等价于问题 $P\| C_{\min}$。因此，存在一个有效的多项式时间近似方案。

当目标函数为 min-l_p 时，本节中主要考虑机器数 m 为固定常数的情形，即问题 $P_m\left|\sum_{J_j\in R} e_j \leqslant B\right| l_p$。对于任意给定的 $\varepsilon\in(0,1)$，令 $\delta=\varepsilon/2$。采用数据归约和动态规划相结合的方法给出一个全多项式时间近似方案。

算法 2.4　问题 $P_m\left|\sum_{J_j\in R} e_j \leqslant B\right| l_p$

第 1 步：令 P 表示所有工件的处理时间之和。将区间 $[1,P)$ 分成 $\lceil \log_{1+\delta} P\rceil$ 个区间，即 $I_1, I_2, \cdots, I_{\lceil \log_{1+\delta} P\rceil}$，这里的区间 $I_k=\left[(1+\delta)^{k-1},(1+\delta)^k\right]$。对每一个 $L\in\left\{(1+\delta)^i \middle| i=0,1,\cdots,\lceil \log_{1+\delta} P\rceil\right\}$，执行第 2 步至第 5 步。

第 2 步：将工件的大小进行标准化，工件 J_j（$j=1,2,\cdots,n$）大小为 $\hat{p}_j=\left\lfloor \dfrac{p_j}{\varepsilon L/n}\right\rfloor \dfrac{\varepsilon L}{n}$，拒绝费用为 e_j。

第 3 步：令 $V=\left\{v=(v_1,v_2,\cdots,v_m) \middle| v_i\in\left\{(1+\delta)^i \middle| i=0,1,\cdots,\lceil \log_{1+\delta} P\rceil\right\}\right\}$ 表示机器所有可能的负载向量集。对 $j=1,2,\cdots,n$，定义函数 $F_j: V\to Z\cup\{0\}$，对每一个 $v\in V$，$F_j(v)$ 表示分配完前 j 个工件后，机器的负载向量为 v 时，被拒绝的物品拒绝费用之和的最小值。

初值：$F_1(\hat{p}_1\boldsymbol{e}_0)=e_1$，$F_1(\hat{p}_1\boldsymbol{e}_i)=0$，$i=1,2,\cdots,m$，

$$F_1(\boldsymbol{v})=+\infty,\quad \forall \boldsymbol{v}\in V-\{\hat{p}_1\boldsymbol{e}_i \mid i=0,1,\cdots,m\}。$$

对 $j=2,3,\cdots,n$ 和 $\boldsymbol{v}\in V$，计算

$$F_j(\boldsymbol{v})=\min\{F_{j-1}(\boldsymbol{v})+e_j, F_{j-1}(\boldsymbol{v}-\hat{p}_j\boldsymbol{e}_1), F_{j-1}(\boldsymbol{v}-\hat{p}_j\boldsymbol{e}_2),\cdots,F_{j-1}(\boldsymbol{v}-\hat{p}_j\boldsymbol{e}_m)\}$$

第 4 步：找到相应于 L 的最优负载向量 $\hat{\boldsymbol{v}}=(\hat{v}_1,\hat{v}_2,\ldots,\hat{v}_m)$，这里 $\hat{\boldsymbol{v}}$ 是可行负载向量集且是 $\{\boldsymbol{v}|F_n(\boldsymbol{v})\leqslant B,\text{且}\sum_{i=1}^{m}\hat{v}_i\leqslant mL\}$ 中 l_p 范数最小的向量。输出相应于向量 $\hat{\boldsymbol{v}}$ 的可行解 $(S_1,S_2,\cdots,S_m)$。

第 5 步：在 $\lceil\log_{1+\delta}P\rceil$ 个可行解中找到目标函数最小的解。

定理 2.7　算法 2.4 问题 $P_m\left|\sum_{J_j\in R}e_j\leqslant B\right|l_p$ 的一个运行时间为 $O(n^{m+1}\log_{1+\varepsilon}\mathrm{P})$ 的全多项式时间近似方案。

证明：令 L^* 表示在最优解中 m 台机器的平均负载，则有

$$\mathrm{OPT}\geqslant\left\|(L^*,L^*,\cdots,L^*)\right\|_p \tag{2-3}$$

由算法 2.4 的区间划分方式知，存在一个 $L\in\{(1+\delta)^i|i=0,1,\cdots,\lceil\log_{1+\delta}P\rceil\}$，使得 $L^*\leqslant L\leqslant(1+\delta)L^*$。令 $(S_1^*,S_2^*,\cdots,S_m^*)$ 表示最优解，则有 $e(J-\cup_{i=1}^{m}S_i^*)\leqslant B$，又因为 $L^*\leqslant L$，所以，$\left(\sum_{j\in S_1^*}\hat{p}_j,\sum_{j\in S_2^*}\hat{p}_j,\ldots,\sum_{j\in S_m^*}\hat{p}_j\right)\in\{\boldsymbol{v}|F_n(\boldsymbol{v})\leqslant B,\text{且}\sum_{i=1}^{m}\hat{v}_i\leqslant mL\}$。令 $\hat{\boldsymbol{v}}=(\hat{v}_1,\hat{v}_2,\cdots,\hat{v}_m)$ 表示第 4 步得到的机器负载向量，由 $\hat{p}_j\leqslant p_j$ 知：

$$\left\|(\hat{v}_1,\hat{v}_2,\cdots,\hat{v}_m)\right\|_p\leqslant\left\|(\sum_{j\in S_1^*}\hat{p}_j,\sum_{j\in S_2^*}\hat{p}_j,\cdots,\sum_{j\in S_m^*}\hat{p}_j)\right\|_p\leqslant\mathrm{OPT}$$

令 $(S_1,S_2,\cdots,S_m)$ 表示第 4 步中得到的相应于 L 的可行解，$(l_1,l_2,\cdots,l_m)$ 表示相应的负载向量，即 $l_i=\sum_{j\in S_i}p_j$，其中 $i=1,2,\cdots,m$。由 $p_j\leqslant\hat{p}_j+\dfrac{\delta L}{n}$ 知：

$$\begin{aligned}\left\|(l_1,l_2,\cdots,l_m)\right\|_p&\leqslant\left\|(\hat{v}_1+|S_1|\cdot\frac{\delta L}{n},\hat{v}_2+|S_2|\cdot\frac{\delta L}{n},\cdots,\hat{v}_m+|S_m|\cdot\frac{\delta L}{n})\right\|_p\\&\leqslant\left\|(\hat{v}_1,\hat{v}_2,\cdots,\hat{v}_m)\right\|_p+\left\|(\delta L,\delta L,\cdots,\delta L)\right\|_p\\&\leqslant\mathrm{OPT}+\delta(1+\delta)\left\|(L^*,L^*,\cdots,L^*)\right\|_p\\&\leqslant\mathrm{OPT}+\delta(1+\delta)OPT\\&\leqslant(1+\varepsilon)\mathrm{OPT}\end{aligned}$$

这里的第二个不等式表示每台机器至多加工 n 个工件，第三个不等式是由式(2-3)和 $L \leqslant (1+\delta)L^*$ 得到的，第四个不等式是由 δ 的定义得到的。

下面分析算法 2.4 的运行时间。算法共执行 $\lceil \log_{1+\delta} P \rceil + 1 = O(\log_{1+\delta} P)$ 次循环，每次循环中，第 2 步的运行时间为 $O(n)$，第 3 步的运行时间为 $O(mn|V|)$，第 4 步的运行时间为 $O(|V|)$。因此，整个算法 2.4 的运行时间为 $O(mn|V|\log_{1+\delta} P) = O(mn(\frac{2mn}{\varepsilon}+1)^m \log_{1+\delta} P) = O(n^{m+1}\log_{1+\varepsilon} P)$，即算法 2.4 是问题 $P_m\left|\sum_{J_j \in R} e_j \leqslant B\right|l_p$ 的一个全多项式时间近似方案。证毕。

2.6 小　　结

本章中，研究了可拒绝的平行机调度问题，即 $P\left|\sum_{J_j \in R} e_j \leqslant B\right|C_{\max}$。我们设计了一个强多项式 2-近似算法，并证明了算法的近似比是紧的。对于问题 $P\left|\sum_{J_j \in R} e_j \leqslant B\right|C_{\max}$，设计一个更好的强多项式算法是有意义的，即近似比为 1.5 甚至 1.33 的算法。

对于问题 $P\left|\sum_{J_j \in R} e_j \leqslant B\right|C_{\max}$，以强多项式 2-近似算法为基础，我们提出了问题的一个多项式时间近似方案，对于它的限制性版本 $P_m\left|\sum_{J_j \in R} e_j \leqslant B\right|C_{\max}$，我们提出了一个全多项式时间近似方案。在工件合理多的情况下，比如 $n > 1/\varepsilon$，我们的全多项式时间近似方案将运行时间从 $O(n^{m+3}/\varepsilon^m)$ 改进到 $O(1/\varepsilon^{2m+3} + mn^2)$。问题 $P\left|\sum_{J_j \in R} e_j \leqslant B\right|C_{\max}$ 要么可以看作经典问题 $P\|C_{\max}$ 的推广，要么可以看作 Angel 等(2001)研究中不关联平行机二重问题的特殊情况。

第 3 章　带等级约束的负载均衡问题

3.1　引　　言

在服务行业，服务提供商通常将客户分为金卡、银卡、铜卡和普通会员等四个等级。普通会员能享受的服务种类最少，铜卡会员能享受普通会员享受的所有服务，银卡会员能享受铜卡会员享受的所有服务，金卡会员能享受所有服务。如何安排服务，才能使得服务的效率最高呢？针对此问题，Hwang 等(2004)建立了如下的数学模型：给定 m 台平行机(parallel machine)的集合 $M=\{M_1,M_2,\cdots,M_m\}$ 和 n 个工件(job)的集合 $J=\{J_1,J_2,\cdots,J_n\}$，机器 M_i 被赋予一个服务等级(grade of service)标号 $g(M_i)$，工件 J_j 也被先赋予一个服务等级标号 $g(J_j)$，其大小为 p_j。只有当 $g(J_j)\geqslant g(M_j)$ 时，工件 J_j 才能在机器 M_i 上加工。将 n 个工件分配给 m 台机器，使得机器的负载尽可能平衡。用 S_i 表示分配给机器 M_i 的工件集，这里若 $J_j\in S_i$，则 $g(J_j)\geqslant g(M_j)$。机器 M_i 的负载 l_i 定义为 S_i 中的所有工件的大小之和，即 $l_i=\sum\limits_{J_j\in S_i}p_j$。

令 $L=(l_1,l_2,\cdots,l_m)$。本章主要考虑下面的三个目标函数：

(1) 最大机器负载尽可能地小(即 min-max)，此问题记为 $P\,|\,GoS\,|\,C_{\max}$；

(2) 最小机器负载尽可能地大(即 max-min)，此问题记为 $P\,|\,GoS\,|\,C_{\min}$；

(3) 向量 L 的 l_p 范数 $\|L\|_p$ 尽可能小(即 min-l_p)，此问题记为 $P\,|\,GoS\,|\,l_p$。

当目标函数为 min-max 时，Hwang 等(2004)设计出了问题 $P\,|\,GoS\,|\,C_{\max}$ 的一个 LG-LPT(lowest grade-longest processing times first)算法，并证明其近似比为 $2-\dfrac{1}{m-1}$。Ou 等(2008)设计出了问题 $P\,|\,GoS\,|\,C_{\max}$ 的一个运行时

间为$O(mn^{O(1/\varepsilon)}\log P)$的多项式时间近似方案，这里$P=\sum_{j=1}^{n}p_j$。易知，问题$P|GoS|C_{\max}$是经典的平行机排序问题$P||C_{\max}$的一个推广，而后者存在一个运行时间为$O(n)$的多项式时间近似方案(Alon et al.，1998；Chen et al.，2018)。一个很自然的问题是$P|GoS|C_{\max}$是否存在一个运行时间为$O(n)$的多项式时间近似方案，该问题目前尚未解决。

当等级标号为 1 或 2 时，问题$P|GoS|C_{\max}$记为$P|GoS_2|C_{\max}$。周萍等(2007)给出了问题$P|GoS_2|C_{\max}$的一个$1.33+(1/2)^r$近似算法，这里r是算法中预先给定的迭代次数。Jiang（2008）研究了问题$P|GoS_2|C_{\max}$的在线情形，并设计出了竞争比为 2.52 的在线算法。关于在线的$P|GoS_2|C_{\max}$问题的进一步研究成果见相关文献(Zhang et al.，2009)。本章设计出了问题$P|GoS_2|C_{\max}$的一个运行时间为$O(mn)$的有效多项式时间近似方案。

当机器数m为固定常数时，问题$P|GoS|C_{\max}$记为$P_m|GoS|C_{\max}$。Ji 和 Cheng（2008）设计出了问题$P_m|GoS|C_{\max}$的一个运行时间为$O(n^{m+1}L^{m+1}/\varepsilon^m)$的全多项式时间近似方案，这里$\varepsilon>0$且$L=\log\max\{n,1/\varepsilon,\max_j p_j\}$。容易验证等级排序问题是不相关机排序问题的特殊情况，因此固定机器数的不相关机排序问题的全多项式时间近似方案用于处理更一般的情形，所以较为复杂。本章对 Woeginger(2000)的算法进行了修改，得到问题$P_m|GoS|C_{\max}$的一个非常简单并且运行时间为$O(n)$的全多项式时间近似方案。

当目标函数为 max-min 时，问题$P|GoS|C_{\min}$是圣诞老人问题(the Santa Claus problem)的一种特殊情形。圣诞老人问题，又称最大最小分配问题(the max-min problem)、公平分割问题(the fair division problem)，其数学模型描述为：给定m台平行机的集合$M=\{M_1,M_i,\cdots,M_m\}$和n个工件的集合$J=\{J_1,J_2,\cdots,J_n\}$，工件$J_j\in J$的大小为p_j，它只能在$M_j\in M$中的机器上加

工。将n个工件分配给m台机器，使得最小机器负载尽可能地大，这里机器M_i的负载l_i定义为分配给机器M_i的工件的大小之和。Bansal 和 Sviridenko（2006）利用结构线性规划的方法设计出了一个$\Omega(\log\log\log m/\log\log m)$的近似算法，这是能解决问题$P|GoS|C_{\min}$的近似程度最好的算法。当问题$P|GoS|C_{\min}$中所有机器和工件的等级标号全相同时，每个工件都可以在所有机器上加工，即为问题$P\|C_{\min}$，而后者存在着一个运行时间为$O(n)$的有效多项式时间近似方案（Woeginger，1997；Alon et al.，1998）。

一般来说，目标函数为 max-min 的问题比目标函数为 min-max 的问题要困难得多。例如，问题$P\|C_{\max}$的多项式时间近似方案在 1987 年就由 Hochbaum 和 Shmoys（1987）给出了，问题$P\|C_{\min}$的多项式时间近似方案直到 1997 年才由 Woeginger（1997）给出。在本章中，我们将设计出问题$P|GoS|C_{\min}$的一个运行时间为$O(mn^{O(1/\varepsilon^2)})$的多项式时间近似方案，并指出对此多项式时间近似方案进行简单的修改，可以得到一个运行时间为$O(mn^{O(1/\varepsilon)})$的多项式时间近似方案。同时还研究了两种特殊情况：一种是机器数m为固定常数的情形（记为$P_m|GoS|C_{\min}$）；另一种是$g(M_j)$，$g(J_j)\in\{1,2,\cdots,k\}$且$k$为固定常数的情形（记为$P|GoS_k|C_{\min}$）。本章设计出了问题$P_m|GoS|C_{\min}$的一个运行时间为$O(n)$的有效多项式时间近似方案和一个运行时间为$O(n)$的全多项式时间近似方案，并设计出了问题$P|GoS_k|C_{\min}$的一个运行时间为$O(n)$的有效多项式时间近似方案。

当目标函数为 min-l_p时，问题$P|GoS_k|l_p$是目标函数为 min-l_p的指派问题（简记为）$P|M_j|l_p$的特殊情形。Azar 等（2004）利用线性规划设计出了问题$P|M_j|l_p$的一个对所有的$p>1$都成立的 2-近似算法，Azar 和 Epstein（2005）利用凸规划设计出了问题$P|M_j|l_p$的一个$2-1/(2p^{2p})$-近似算法。本章中利用问题$P|GoS|l_p$的特殊性质设计出了一个对所有的$p>1$都成立的强多项式时间的 2-近似算法。当m为固定常数时，问题$P|GoS|l_p$记为

问题$P_m|GoS|l_p$。注意到问题$P_m|GoS|l_p$是问题$R_m\|l_p$的特殊情形，Azar等(2004)设计出了问题$R_m\|l_p$的一个运行时间为$O(mn(mn/\varepsilon)^m)=O(n^{m+1})$的全多项式时间近似方案。本章设计出了问题$P_m|GoS|l_p$的一个运行时间为$O(n)$的全多项式时间近似方案。

3.2　目标函数为 min-max

本节我们研究问题$P|GoS|C_{\max}$的两个特殊情形：①等级标号 1 或 2；②机器数m为固定常数。这两个问题分别记为$P|GoS_2|C_{\max}$和$P_m|GoS|C_{\max}$。

3.2.1　问题$P|GoS_2|C_{\max}$的有效多项式时间近似方案

给定问题$P|GoS_2|C_{\max}$的任一个实例$I=(M,J)$，不失一般性，假定$g(M_1)=g(M_2)=\cdots=g(M_{m_1})=1$，$g(M_{m_1+1})=g(M_{m_1+2})=\cdots=g(M_m)=2$。令$J_{[i]}(i=1,2)$表示等级标号为$i$的工件集，易知$J_{[2]}$中的工件能在所有机器上加工，而$J_{[1]}$中的工件只能在前$m_1$台机器上加工。

调用 Hwang 等(2004)研究中的 LG-LPT 算法，得到实例$I=(M,J)$的一个目标函数值为OUT的可行解。由 Hwang 等(2004)的证明知OPT ≤ OUT ≤ 2OPT，这里OPT表示实例I的最优解。不失一般性，将实例I中所有工件的大小除以OUT，使得实例I所有工件的大小都为 0～1 并且$1/2\leqslant \text{OPT}\leqslant 1$。对任意给定的$0<\varepsilon<1$，令$\lambda=\lceil 5/\varepsilon\rceil$。将工件集$J$分成两类：大工件集$J^L=\{J_j\mid p_j>1/\lambda\}$和小工件集$J^S=\{J_j\mid p_j\leqslant 1/\lambda\}$。然后，按下列方式构造$I=(M,J)$的一个辅助实例$\hat{I}=(M,\hat{J}^L\cup\hat{J}^A)$：

(1) $\hat{I}$包含m台机器，前m_1台的等级标号为 1，后$m-m_1$台的等级标号为 2。

(2) 令$J_{[i]}^S=J^S\cap J_{[i]}(i=1,2)$，即$J_{[i]}^S$表示等级标号为$i$的小工件的集合。

对 $i=1,2$，分别构造 $\hat{I}$ 中 $\left\lceil \sum_{J_j \in J_{[i]}^S} p_j \lambda \right\rceil$ 个等级标号为 i、大小为 $1/\lambda$ 的辅助工件。令 $\hat{J}_{[i]}^A$ 表示等级标号为 i 的辅助工件集，$\hat{J}^A = \hat{J}_{[1]}^A \cup \hat{J}_{[2]}^A$ 表示辅助工件集。

(3) 对于 J^L 中每个大工件 J_j，相应地构造 $\hat{I}$ 中一个大小为 $\hat{p}_j = \lceil p_j \lambda^2 \rceil \lambda^2$ 的大工件 $\hat{J}_j$。易知，$\hat{p}_j \leqslant p_j + \lambda^2 \leqslant (1+1/\lambda) p_j$。令 $\hat{J}^L$ 表示实例 $\hat{I}$ 中所有大工件的集合。

注意到实例 $\hat{I}$ 中的所有工件的处理时间均为 $1/\lambda^2$ 的整数倍且介于 $1/\lambda$ 与 1 之间，因此，$\hat{I}$ 中工件大小的种类至多为 $\lambda^2 - \lambda + 1$。为了陈述方便，称实例 I 和 $\hat{I}$ 中处理时间大于 $1/\lambda$ 的工件为“大”工件，其余为“小”工件。

引理 3.1 实例 $\hat{I}$ 的最优值 $\widehat{\mathrm{OPT}}$ 至多为 $(1+1/\lambda)\mathrm{OPT}+1/\lambda$，其值不大于 $1+2/\lambda$。

证明： 令 $(S_1, S_2, \cdots, S_m)$ 表示实例 I 的一个最优解，这里 S_i 表示分配给机器 M_i 的工件集。将 S_i 中的大工件 J_j 所对应的实例 $\hat{I}$ 中的大工件 $\hat{J}_j$ 分配给机器 M_i。令 s_i 表示 S_i 中的所有小工件的大小之和，即 $s_i = \sum_{J_j \in S_i \cap J^S} p_j$。将实例中尽可能多的(但不超过 $\lceil s_i \lambda \rceil$ 个)等级标号为 2 的小工件分配给等级标号为 2 的机器 M_i，然后将尽可能多的(但不超过 $\lceil s_i \lambda \rceil$ 个)剩余的小工件分配给等级标号为 1 的机器 M_i，从而得到实例 $\hat{I}$ 的一个可行解 $(\hat{S}_1, \hat{S}_2, \cdots, \hat{S}_m)$，这里 $\hat{S}_i$ 表示分配给机器 M_i 的工件集。由大工件的大小 $\hat{p}_j \leqslant (1/\lambda) p_j$、$\lceil s_i \lambda \rceil / \lambda \leqslant s_i + 1/\lambda$ 及 $\mathrm{OPT} \leqslant 1$ 知，可行解 $(\hat{S}_1, \hat{S}_2, \cdots, \hat{S}_m)$ 中机器 M_i 的负载为

$$
\begin{aligned}
\hat{l}_i &= \sum_{\hat{J}_j \in \hat{S}_i} \hat{p}_j \\
&= \sum_{\hat{J}_j \in \hat{S}_i \cap \hat{J}^L} \hat{p}_j + \sum_{\hat{J}_j \in \hat{S}_i \cap \hat{J}^A} \hat{p}_j \\
&\leqslant (1+1/\lambda) \sum_{\hat{J}_j \in \hat{S}_i \cap \hat{J}^L} \hat{p}_j + \lceil s_i \lambda \rceil / \lambda
\end{aligned}
$$

$$\leqslant (1+1/\lambda)\sum_{J_j\in S_i} p_j + L/\lambda$$

$$\leqslant (1+1/\lambda)\mathrm{OPT} + 1/\lambda$$

$$\leqslant 1+2/\lambda$$

因此，$\mathrm{O\hat{P}T} \leqslant \max_{i=1}^{m} \hat{l} \leqslant 1+2/\lambda$。证毕。

引理 3.2　实例 I 存在一个目标函数值至多为 $\mathrm{O\hat{P}T}+1/\lambda$ 的可行解。

证明：令 $(\hat{S}_1,\hat{S}_2,\cdots,\hat{S}_m)$ 表示实例 $\hat{I}$ 的最优解。将 $\hat{S}_i$ 中的大工件 $\hat{J}_j$ 所对应的实例 I 的工件 J_j 分配给机器 M_i。令 $\hat{s}_i$ 表示 $\hat{S}_i$ 中所有的小工件大小之和。将实例 I 中尽可能多的(但大小之和不超过 $\hat{s}_i+1/\lambda$)等级标号为 2 的小工件分配给等级标号为 2 的机器 M_i，然后将剩余的尽可能多的(但处理时间之和不超过 $\hat{s}_i+1/\lambda$)小工件分配给等级标号为 1 的机器 M_i。注意到，此种分配方式能保证所有的工件都被分配。于是，得到实例 I 的一个可行解 $(\hat{S}_1,\hat{S}_2,\cdots,\hat{S}_m)$，这里 S_i 表示分配给机器 M_i 的工件集。由大工件的大小 $p_j \leqslant \hat{p}_j$ 知，机器 $M_i(i=1,2,\cdots,m)$ 的负载 l_i 至多为 $\sum_{\hat{J}_j\in\hat{S}_i}\hat{p}_j + 1/\lambda \leqslant O\hat{P}T + 1/\lambda$。证毕。

下面将给出求实例 $\hat{I}$ 的最优解的算法。实例 $\hat{I}$ 的工件可以用向量集 $N=\{n^i \mid n^i=(n_\lambda^i,n_{\lambda+1}^i,\cdots, n_{\lambda^2}^i;i=1,2)\}$ 来表示，这里 n_k^i 表示实例 $\hat{I}$ 中等级标号为 i，大小为 k/λ^2 的工件的个数。分配给机器 M_i 的工件集可以用向量 $u=(u_\lambda,u_{\lambda+1},\cdots,u_{\lambda^2})$ 来表示，这里 $u_k(k=\lambda,\lambda+1,\cdots,\lambda^2)$ 表示分配给机器 M_i 的大小为 k/λ^2 的工件的个数。定义向量 u 的长度 $l(u)=\sum_{k=\lambda}^{\lambda^2}u_k/\lambda^2$。

令 $\psi_i(i=1,2)$ 表示能分配给等级标号为 i 的长度不超过 $1+2/\lambda$ 的工件向量集，即 $\psi_i=\{u \mid u\leqslant \sum_{t=i}^{2} n^t,\ l(u)\leqslant 1+2/\lambda\}$。由实例 $\hat{I}$ 中所有工件大小都不小于 $1/\lambda$ 知，ψ_i 中的每个向量至多包含 $\lambda+2$ 个工件。因此 $|\psi_i| \leqslant \lambda^{2\lambda+4}$。令 x_i^u 表示可行解中等级标号为 i 的机器加工向量为 $u\in\psi_i$ 的机器数。为求实例 $\hat{I}$

的最优解，建立如下整数线性规划(integer linear programming，ILP)：

$$\min\ z;$$
$$\sum_{u\in\psi_1} x_1^u = m_1;$$
$$\sum_{u\in\psi_2} x_2^u = m - m_1;$$
$$\sum_{u\in\psi_2} x_2^u \leqslant n^2;$$
$$\sum_{u\in\psi_1} x_1^u + \sum_{u\in\psi_2} x_2^u = n^1 + n^2;$$
$$x_1^u \leqslant y_1^u m_1,\ \forall u\in\psi_1;$$
$$x_2^u \leqslant y_2^u (m - m_1),\ \forall u\in\psi_2;$$
$$l(u) y_i^u \leqslant z,\ \forall u\in\psi_i (i=1,2);$$
$$x_i^u \in \{0,1,\cdots,m\},\ \forall u\in\psi_i (i=1,2);$$
$$y_i^u \in \{0,1\},\ \forall u\in\psi_i (i=1,2)$$

这里前两个约束保证每台机器都被使用，第三个约束保证了等级标号为 2 的机器只分配等级标号为 2 的工件，第四个约束保证了所有的工件都被加工，第五、六个约束的 0～1 变量 y_i^u 表示向量 $u\in\psi_i$ 是否被使用，第七个约束说明了 $l(u)y_i^u$ 对目标函数值的贡献。易知，ILP 的最优解等价于实例 $\hat{I}$ 的最优解。

ILP 的变量个数为 $2|\psi_1|+2|\psi_2|+1\leqslant 4\lambda^{2\lambda+4}+1$，约束条件个数至多为 $2+2(\lambda^2-\lambda+1)+8\lambda^{2\lambda+4}$，最大系数不超过 $\max\{n,m,1+2/\lambda\}$。由于为固定常数，ILP 中变量个数和约束条件个数都为常数，因此利用 Lenstra(1983)研究中的 Lenstra 算法可以得到 ILP 的最优解。Lenstra 算法是关于变量个数的指数函数且为系数的对数的多项式函数，所以可在 $O(\log^{O(1)} n)=O(n)$(这里隐藏的常数是关于 $1/\varepsilon$ 的指数函数)时间内得到 ILP 的最优解，从而得到实例 $\hat{I}$ 的最优解。于是，我们得到如下的定理。

定理 3.1　实例 $\hat{I}=(M,\hat{J}^L\cup\hat{J}^A)$ 的最优解可以在 $O(n)$ 的时间内求出。

下面设计出问题$P|GoS_2|C_{\max}$的一个有效多项式时间近似方案。

算法 3.1

第 1 步： 调用文献(Hwang et al.，2004)中的 LG-LPT 算法，得到实例$I=(M,J)$的一个目标函数值为OUT的可行解，并将I中所有工件的大小都除以OUT；

第 2 步： 令$\lambda=\lceil 5/\varepsilon \rceil$，构造辅助实例$\hat{I}=(M,\hat{J}^L\cup\hat{J}^A)$；

第 3 步： 利用 Lenstra 算法求出实例$\hat{I}$的最优解$(\hat{S}_1,\hat{S}_2,\cdots,\hat{S}_m)$；

第 4 步： 利用引理 3.2 证明中的方法构造实例的一个可行解$(S_1,S_2,\cdots,S_m)$。

定理 3.2　算法 3.1 的输出解$(S_1,S_2,\cdots,S_m)$的目标函数值不超过$(1+\varepsilon)\mathrm{OPT}$，并且其运行时间为$O(n\log n)$，即问题$P|GoS_2|C_{\max}$存在有效多项式时间近似方案。

证明： 由引理 3.1 和引理 3.2 知，输出解$(S_1,S_2,\cdots,S_m)$的目标函数值为

$$\begin{aligned}\max\left\{\sum_{J_j\in S_i}p_j \mid i=1,2,\cdots,m\right\}&\leqslant \hat{\mathrm{OPT}}+1/\lambda\\&\leqslant(1+1/\lambda)\mathrm{OPT}+2/\lambda\\&\leqslant(1+5/\lambda)\mathrm{OPT}\\&\leqslant(1+\varepsilon)\mathrm{OPT}\end{aligned}$$

这里第三个不等式是由$1/2\leqslant\mathrm{OPT}$得到的，最后一个不等式是由$\lambda=\lceil 5/\varepsilon\rceil\geqslant 5/\varepsilon$得到的。

下面分析算法 3.1 的运行时间。由文献(Hwang et al.，2004)中的证明知，第 1 步可在$O(n\log n)$时间内完成；由定理 3.1 知，第 3 步可在$O(n)$时间内完成；第 2 步和第 4 步可在$O(n)$时间内完成。因此整个算法的运行时间为$O(n\log n)$。证毕。

3.2.2 问题$P_m|GoS|C_{\max}$的全多项式时间近似方案

本节将设计出问题$P_m|GoS|C_{\max}$的一个运行时间为$O(n)$的全多项式时间近似方案。先将机器和工件都按等级标号从低到高的顺序重新标号，使得$g(M_1)\leqslant g(M_2)\leqslant\cdots\leqslant g(M_m)$且$g(J_1)\leqslant g(J_2)\leqslant\cdots\leqslant g(J_n)$。因此机器共有$m$台，等级标号本质上也至多有$m$种，所以重新标号所需时间为$O(m\log m)=O(1)$（$m$为固定常数）。令$P=\sum_{j=1}^{n}p_j$表示所有工件的大小之和，并对每个工件$J_k$，用$v_k=\max\{i\,|\,g(M_i)\leqslant g(J_k)\}$表示能加工工件$J_k$的下标最大的机器的下标。

首先设计出求问题$P_m|GoS|C_{\max}$的最优解的标准动态规划算法，其运行时间是拟多项式的。我们用一个m维负载向量$(l_1,l_2,\cdots,l_m)$来表示机器的负载情况，这里l_i表示机器M_i的负载。用空间ψ_k表示分配完前k个工件后所有可能的负载向量集，其中$\psi_0=\{(0,0,\cdots,0)\}$。对$k=1,2,\cdots,n$，空间$\psi_k$可由空间$\psi_{k-1}$拓展得到，计算方式如下：

$$\psi_k=\psi_{k-1}+\{p_k e_i\,|\,i=1,2,\cdots,v_k\}$$

这里e_i为第i个坐标为1，其余坐标为0的单位行向量，如$e_3=(0,0,1,\cdots,0)$。易知，ψ_n中包含了所有可能的负载向量，当然也包括了相应于最优解的负载向量。动态规划的运行时间为$O(nP^m)$。根据 Woeginger(2000)的研究，问题$P_m|GoS|C_{\max}$存在全多项式时间近似方案，但是其算法的运行时间远高于$O(n)$。接下来，对 Woeginger(2000)研究中的算法进行修改，设计出问题$P_m|GoS|C_{\max}$的一个运行时间为$O(n)$的全多项式时间近似方案。

同 Woeginger(2000)所使用的方法类似，对空间ψ_k进行裁剪，使得剩余的向量个数是多项式的，且被裁剪的向量的目标函数值与未被裁剪的向量的目标函数值的相对误差不超过$1+\varepsilon$。定义裁剪因子$\Delta=\varepsilon^2/4m^2$，称向量$(l_1',l_2',\cdots,l_m')$被向量$s=(l_1,l_2,\cdots,l_m)\Delta$控制，有

$$l_i-\Delta\leqslant l_i'\leqslant l_i+\Delta \quad (\forall i=1,2,\cdots,m)$$

对每一个空间ψ_k，如果向量$s'\in\psi_k$被向量$s\in\psi_k\Delta$控制，则将向量s'从状态空间ψ_k中删除，从而得到新的空间ψ_k^*。在动态规划算法中，计算ψ_k时，我们对空间$\Delta\psi_{k-1}^*$进行拓展，而不是ψ_{k-1}。

引理 3.3　$|\psi_k^*|=O(1)$，这里$|\psi_k^*|$表示裁剪后的空间ψ_k^*中的向量个数。

证明：注意到ψ_k^*中的任意向量的各个坐标都介于 0～P 之间。由ψ_k^*的定义知，ψ_k^*至多包含一个满足$f_i\Delta\leqslant l_i\leqslant(f_i+1)\Delta$ 的向量$(l_1,l_2,\cdots,l_m)$，这里$f_i\in\{0,1,2,\cdots,P/\Delta-1\}$，$i=1,2,\cdots,m$。由$f_i\leqslant P/\Delta$知，裁剪后的状态空间$\psi_k^*$中的向量个数至多为

$$(P/\Delta)^m=(4m^2p/\varepsilon^2p)^m=(2m/\varepsilon)^{2m}=O(1)$$

其中，最后一个等式根据m、ε为固定常数得到。证毕。

引理3.4　对于状态空间ψ_k中的任一向量$s'=(l_1',l_2',\cdots,l_m')$，状态空间$\psi_k^*$都存在一个向量$s=(l_1,l_2,\cdots,l_m)$满足

$$l_i-k\Delta\leqslant l_i'\leqslant l_i+k\Delta \quad (i=1,2,\cdots,m)$$

证明：由Δ控制的定义及归纳法可以直接得到。

引理 3.5　令$\Gamma=\{J_j\mid p_j>\varepsilon P/(2m)\}$，则$\Gamma$至多包含$2m/\varepsilon$个工件，即$|\Gamma|\leqslant 2m/\varepsilon$。

证明：(反证法)如若不然，有

$$P\geqslant\sum_{J_j\in\Gamma}p_j>\varepsilon P|\Gamma|/2m>P$$

矛盾，因此引理成立。证毕。

下面设计出问题$P_m\mid GoS\mid C_{\max}$的一个全多项式时间近似方案。

算法 3.2

第 1 **步**：将Γ中的工件重新标号，不妨记为$J_1,J_2,\cdots,J_{|\Gamma|}$。

第 2 步: 对 $\Gamma=\{J_1,J_2,\cdots,J_{|\Gamma|}\}$ 调用前述的动态规划算法,计算空间 $\psi^*_{|\Gamma|}$。

第 3 步: 对 $\psi^*_{|\Gamma|}$ 中的每一个负载向量 $(\dot{l}_1,\dot{l}_2,\cdots,\dot{l}_m)$,将 $J-\Gamma$ 中的工件按下标从小到大的顺序,依次分配标号不高于该工件的负载最小的机器,从而得到分配了所有工件的负载向量 $(l_1,l_2,\cdots,l_m)$。

第 4 步: 在 $\left|\psi^*_{|\Gamma|}\right|$ 个负载向量中,选择 $\max_i l_i$ 最小的状态向量 $s=(\dot{l}_1,\dot{l}_2,\cdots,\dot{l}_m)$,找出其对应的排序 $(S_1,S_2,\cdots,S_m)$,这里 S_i 表示分配给机器 M_i 的工件集。

定理 3.3 对于问题 $P_m\,|\,GoS\,|\,C_{\max}$ 的任一实例 I,算法 3.2 可以在关于输入长度和 $1/\varepsilon$ 的多项式时间内得到一个 $1+\varepsilon$ 近似解,且运行时间为 $O(n)$。

证明: 令 $(S_1^*,S_2^*,\cdots,S_m^*)$ 和 $(l_1^*,l_2^*,\cdots,l_m^*)$ 分别表示实例 I 的最优解和相应的负载向量,显然 $\mathrm{OPT}=\max_i l_i^*$。令 $(\dot{l}_1^*,\dot{l}_2^*,\cdots,\dot{l}_m^*)$ 表示最优解 $(S_1^*,S_2^*,\cdots,S_m^*)$ 中只分配 Γ 中的工件后机器的负载向量,即 $\dot{l}_i^*=\sum_{J_j\in S_i^*\cap\Gamma} p_j\ (i=1,2,\cdots,m)$。由引理 3.4 知,空间 $\psi^*_{|\Gamma|}$ 中存在一个负载向量 $(l_1',l_2',\cdots,l_m')$ 满足

$$\dot{l}_1'\leqslant \dot{l}_1^*+|\Gamma|\Delta\leqslant \dot{l}_1^*+2m/\varepsilon\cdot\varepsilon^2P/4m^2\leqslant \dot{l}_1^*+\varepsilon/2\cdot\mathrm{OPT}\qquad(i=1,2,\cdots,m)$$

这里第二个不等式是由引理 3.5 得到的,最后一个不等式是根据 OPT 不小于机器的平均负载 P/m 得到的。

令 $(l_1',l_2',\cdots,l_m')$ 表示负载向量 $(\dot{l}_1',\dot{l}_2',\cdots,\dot{l}_m')$ 执行第 3 步后得到的负载向量,令 M_τ 表示负载最大的机器,即 $l_\tau'=\max_i l_i'$。如果 $l_\tau'=\dot{l}_\tau'$,即 M_τ 没有分配 $J-\Gamma$ 中的工件,则有

$$\begin{aligned}l_\tau'=\dot{l}_\tau'&\leqslant\dot{l}_\tau^*+\varepsilon/2\cdot\mathrm{OPT}\leqslant l_\tau^*+\varepsilon\cdot\mathrm{OPT}/2\\&\leqslant\max_i l_i^*+\varepsilon/2\cdot\mathrm{OPT}\leqslant(1+\varepsilon)\mathrm{OPT}\end{aligned}$$

如果 $l_\tau'>\dot{l}_\tau'$,令 J_k 表示最后一个分配给 M_τ 的 $J-\Gamma$ 中的工件。令 $S=\{J_j\,|\,J_j\in J-\Gamma,j\leqslant k\}$。显然,$S$ 中的工件都只能在前 v_k 台机器上加工,于是

$$\begin{aligned}
l'_\tau &= l'_\tau - p_k + p_k \\
&\leqslant \left(\sum_{i=1}^{v_k} l'_i + \sum_{J_j \in S} p_j \right) / v_k + \varepsilon \cdot \mathrm{OPT} / 2 \\
&\leqslant \left(\sum_{i=1}^{v_k} \left(l^*_i + \varepsilon \cdot \mathrm{OPT} / 2 \right) + \sum_{J_j \in S} p_j \right) / v_k + \varepsilon \cdot \mathrm{OPT} / 2 \\
&= \left(\sum_{i=1}^{v_k} l^*_i + \sum_{J_j \in S} p_j + v_k \varepsilon \cdot \mathrm{OPT} / 2 \right) / v_k + \varepsilon \cdot \mathrm{OPT} / 2 \\
&\leqslant \left(\sum_{i=1}^{v_k} l^*_i \right) / v_k + \varepsilon \cdot \mathrm{OPT} \\
&\leqslant (1+\varepsilon)\mathrm{OPT}
\end{aligned}$$

这里第一个不等式是根据分配J_k时选择了当前负载最小的机器及J_k的定义得到的，第二个不等式是由l'_i的定义得到的，最后一个不等式是根据OPT至少为机器的平均负载得到的。

因为算法 3.2 在$\left|\psi^*_{|\Gamma|}\right|$个状态向量中$\max_i l_i$最小的状态向量为$(l_1, l_2, \cdots, l_m)$，所以

$$\max_i l'_i \leqslant \max_i l'_i = l'_\tau \leqslant (1+\varepsilon)\mathrm{OPT}$$

下面分析算法 3.2 的运行时间。第 1 步可以在$O(n+|\Gamma|\log|\Gamma|) = O(n+2m/\varepsilon \cdot \log(2m/\varepsilon))$时间内完成（由引理 3.3 知）；第 2 步可以在$O(|\Gamma|(2m/\varepsilon)^{2m}) = O((2m/\varepsilon)^{2m+1})$时间内完成（由引理 3.3 知）；第 3 步可以在$O(\left|\psi^*_{|\Gamma|}\right| n) = O((2m/\varepsilon)^{2m} n)$时间内完成；第 4 步可以在$O(\left|\psi^*_{|\Gamma|}\right|)$时间内完成。又因为$m$、$\varepsilon$是固定常数，所以整个算法的运行时间为

$$O\left(n + |\Gamma|\log|\Gamma| + \left|\psi^*_{|\Gamma|}\right| n\right) = O(n + (2m/\varepsilon)^{2m+1} + (2m/\varepsilon)^{2m} n) = O(n)$$

即算法 3.2 是问题$P_m \mid GoS \mid C_{\max}$的一个全多项式时间近似方案，并且运行时间为$O(n)$。证毕。

3.3　目标函数为 max-min

本节研究问题 $P|GoS|C_{\min}$ 及其两种特殊情形：一种是机器数 m 为固定常数的情形(记为 $P_m|GoS|C_{\min}$)，另一种是 $g(M_i),g(J_j)\in\{1,2,\cdots,k\}$ 且 k 为固定常数的情形(记为 $P|GoS|C_{\min}$)。

3.3.1　问题 $P|GoS|C_{\min}$ 的多项式时间近似方案

对于问题 $P|GoS|C_{\min}$ 的任意输入实例 $I=(J,M;p,g)$，假定所有机器按等级大小从大到小排序，即 $g(M_1)\geqslant g(M_2)\geqslant\cdots\geqslant g(M_m)$。定义工件 J_j 的机器指标 v_j 为能加工工件的最小下标机器的下标，即 $v_j=\min\{i\,|\,g(M_i)\leqslant g(J_j)\}$。令 $J_{[i]}=\{J_j\,|\,v_j=i\}(1,2,\cdots,m)$ 表示机器指标为 i 的工件集。实例 $I=(J,M;p,g)$ 中的工件集 J 可以表示为 m 个不同机器指标的工件子集的并，即 $J=\bigcup_{i=1}^{m}J_{[i]}$。显然，$J_{[i]}$ 中的工件只能在机器 $M_i,M_{i+1},\cdots,M_m$ 上加工。对任一工件集 $S\subseteq J$，令 $p(S)$ 表示 S 中所有工件的大小之和，即 $p(S)=\sum_{J_j\in S}p_j$。令

$$L=\min\left\{\left.\frac{\left\lfloor\sum_{i=1}^{t}p\left(J_{[i]}\right)\right\rfloor}{t}\right|t=1,2,\cdots,m\right\}$$

表示前 t 台机器最大平均负载的最小值。易知，$L\geqslant\mathrm{OPT}$，这里 OPT 表示实例 $I=(J,M;p,g)$ 的最优值。

引理 3.6　若实例 I 中存在大小为 $p_k\geqslant L$ 的工件 J_k，则存在一个最优解 $(S_1^*,S_2^*,\cdots,S_m^*)$ 满足加工工件 J_k 的机器 M_τ 只加工一个工件 J_k，这里 S_i^* 表示分配给机器 M_i 的工件集。

证明：(反证法)假定机器 M_τ 加工除 J_k 外的工件，可将其抛弃，从而

得到一个满足要求的新的可行解。由于$L \geqslant \mathrm{OPT}$，新得到的可行解的目标函数值不发生改变。证毕。

借助于引理3.6，若实例I中存在大小大于L的工件J_k，则将工件J_k分配给机器M_{v_j}。若$v_j < m$，将工件J_k和机器M_{v_j}从实例I中删除，同时置$J_{[v_j+1]} = J_{[v_j+1]} \cup J_{[v_j]} - \{J_k\}$；否则，将机器$M_m$和$J_{[m]}$中的工件从实例$I$中删除。这样，我们就可以处理一个最优值不发生改变且规模更小的实例。因此，可以假定实例I中所有工件的大小都小于L。

引理 3.7　实例I存在一个最优解$(S_1^*, S_2^*, \cdots, S_m^*)$满足$L/2 \leqslant l_i^* \leqslant 2L$，这里$l_i^* = \sum_{J_j \in S_i^*} p_j$，$1 \leqslant i \leqslant m$。

证明：如果最优解$(S_1^*, S_2^*, \cdots, S_m^*)$中存在机器$M_i$满足$l_i^* > 2L$，将$S_i^*$中的任一工件抛弃直至$L/2 \leqslant l_i^* \leqslant 2L$。这是可行的，因为我们假定了实例$I$中所有工件的大小都小于$L$。此时，因为$L \geqslant \mathrm{OPT}$，因此目标函数值没有发生改变。

下面通过一个算法来证明$L/2$是OPT的一个下界。对$i = 1 \sim m$，若$J_{[1]} \cup \cdots \cup J_{[i]}$存在一个大小等于$L/2$的未分配工件$J_j$，将工件$J_j$分配给$M_i$，同时$M_i$不再分配任何工件；否则，将$J_{[1]} \cup \cdots \cup J_{[i]}$中大小小于$L/2$的未分配工件分配给机器$M_i$，直至机器的负载首次超出$L/2$。假定$(S_1, S_2, \cdots, S_m)$是此算法的输出解。断言$(S_1, S_2, \cdots, S_m)$中每台机器的负载必然都超过$L/2$。如若不然，假定机器$M_\tau$的负载小于$L/2$，这意味着给机器$M_\tau$分配完工件后，$J_{[1]} \cup \cdots \cup J_{[\tau]}$中无未分配工件。根据算法，$(S_1, S_2, \cdots, S_m)$中的每台机器的负载都小于$L$，所以

$$\sum_{i=1}^{\tau} p(J_{[i]}) = \sum_{i=1}^{\tau} p(S_i) < \tau L \leqslant \tau \cdot \left(\sum_{i=1}^{\tau} p(J_{[i]})\right) / \tau = \sum_{i=1}^{\tau} p(J_{[i]})$$

这里第二个不等式是根据L的定义得到的，于是产生矛盾。因此，$(S_1, S_2, \cdots, S_m)$中所有机器的负载都不低于$L/2$，这就意味着$\mathrm{OPT} \geqslant L/2$。

证毕。

对于输入实例 $I=(J,M;p,g)$ 和 ε，令 $\lambda=\lceil 7/\varepsilon \rceil$，构造辅助实例 $\hat{I}=(\hat{J},M;\hat{p},g)$，构造方式如下：

(1) 实例 $\hat{I}$ 中的机器集同 I 中的机器集 M 相同，等级标号也不变。

(2) 将工件集 J 分成两个子集：大工件集 J^B 和小工件集 J^S，这里

$$J^B=\{J_j \mid p_j > L/\lambda\}, J^S=\{J_j \mid p_j \leqslant L/\lambda\}$$

(3) 对 $i=1,2,\cdots,m$，令 $J_{[i]}^S=J^S\cap J_{[i]}$ 表示实例 I 中机器指标为 i 的小工件的集合。构造实例 $\hat{I}$ 中 $k_i=\left\lceil \sum_{J_j\in J_{[i]}^S} p_j/(L/\lambda) \right\rceil$ 个实例指标为 i、大小为 L/λ 的辅助工件。这 k_i 个工件的集合记为 $\hat{J}_{[i]}^A$。将所有的辅助工件的集合记为 $\hat{J}^A=\bigcup_{i=1}^m \hat{J}_{[i]}^A$。易知：

$$\sum_{J_j\in J_{[i]}^S} p_j \leqslant p(\hat{J}_{[i]}^A)=k_i\cdot L/\lambda \leqslant \sum_{J_j\in J_{[i]}^S} p_j + L/\lambda$$

(4) 对于 J^B 中的工件 J_j，相应地构造 $\hat{I}$ 中一个大小为 $\hat{p}_j=\left\lceil p_j/\frac{L}{\lambda^2} \right\rceil$ 的大工件 $\hat{J}_j$。易知：

$$\hat{p}_j \leqslant p_j+\frac{L}{\lambda^2} \leqslant \left(1+\frac{1}{\lambda}\right)p_j$$

工件的机器指标不变。将这些工件记为 $\hat{J}^B$，实例 $\hat{I}$ 中的所有工件的集合记为 $\hat{J}=\hat{J}^B\cup\hat{J}^A$。

称实例 I 和实例 $\hat{I}$ 中大小大于 L/λ 的工件为大工件，其余工件为小工件。令

$$\hat{L}=\min\left\{\left\lceil \sum_{i=1}^{t}\left(\hat{p}\left(\hat{J}_{[i]}^B\right)+\hat{p}\left(\hat{J}_{[i]}^A\right)\right)/t \right\rceil \middle| t=1,2,\cdots,m\right\}$$

表示实例 $\hat{I}$ 中前 t 台机器最大平均负载的最小值，这里 $\hat{J}_{[i]}^B$ 表示实例 $\hat{I}$ 中机器指标为 i 的大工件集。

引理 3.8　$L \leqslant \hat{L} \leqslant \left(1+\dfrac{2}{\lambda}\right)L$

证明：易知，对任意t，有

$$\begin{aligned}\sum_{i=1}^{t} p(J_{[i]}) &= \sum_{i=1}^{t}\left(\sum_{J_j \in J_{[i]}^B} p_j + \sum_{J_j \in J_{[i]}^S} p_j\right)\\ &\leqslant \sum_{i=1}^{t}\left(\sum_{J_j \in J_{[i]}^B} \hat{p}_j + \left\lceil \frac{\sum_{J_j \in J_{[i]}^S} p_j}{L/\lambda} \right\rceil \frac{L}{\lambda}\right)\\ &= \sum_{i=1}^{t}\left(\sum_{\hat{J}_j \in \hat{J}_{[i]}^B} \hat{p}_j + \sum_{\hat{J}_j \in \hat{J}_{[i]}^A} \hat{p}_j\right)\\ &= \sum_{i=1}^{t}\left(\hat{p}(\hat{J}_{[i]}^B) + \hat{p}(\hat{J}_{[i]}^A)\right)\end{aligned}$$

因此，

$$\begin{aligned}L &= \min\left\{\sum_{i=1}^{t} p(J_{[i]})/t \mid t=1,\cdots,m\right\}\\ &\leqslant \min\left\{\sum_{i=1}^{t}(\hat{p}(\hat{J}_{[i]}^B) + \hat{p}(\hat{J}_{[i]}^A))/t \mid t=1,\cdots,m\right\}\\ &= \hat{L}\end{aligned}$$

又因为

$$\begin{aligned}\sum_{i=1}^{t}(\hat{p}(\hat{J}_{[i]}^B) + \hat{p}(\hat{J}_{[i]}^A)) &= \sum_{i=1}^{t}\left(\sum_{\hat{J}_j \in \hat{J}_{[i]}^B} \hat{p}_j + \sum_{\hat{J}_j \in \hat{J}_{[i]}^A} \hat{p}_j\right)\\ &= \sum_{i=1}^{t}\left(\sum_{J_j \in J_{[i]}^B} \frac{\lceil p_j/L \rceil}{\lambda^2}\frac{L}{\lambda^2} + \left\lceil \frac{\sum_{J_j \in J_{[i]}^S} p_j}{L/\lambda} \right\rceil \frac{L}{\lambda}\right)\\ &\leqslant \sum_{i=1}^{t}\left(\sum_{J_j \in J_{[i]}^B} (1+1/\lambda)p_j + \sum_{J_j \in J_{[i]}^S} L/\lambda\right)\\ &\leqslant (1+1/\lambda)\sum_{i=1}^{t} p(J_{[i]}) + t \cdot L/\lambda\end{aligned}$$

所以，

$$\begin{aligned}\hat{L} &= \min\left\{\left\lceil\sum_{i=1}^{t}(\hat{p}(\hat{J}_{[i]}^{B})+\hat{p}(\hat{J}_{[i]}^{A}))\right\rceil / t \,\middle|\, t=1,\cdots,m\right\}\\ &\leqslant \min\left\{\left\lceil(1+1/\lambda)\sum_{i=1}^{t}p(J_{[i]})+t\cdot L/\lambda\right\rceil / t \,\middle|\, t=1,\cdots,m\right\}\\ &=(1+2/\lambda)L\text{。}\end{aligned}$$

因此，引理成立。证毕。

类似于之前的讨论，不失一般性，假定实例 $\hat{I}$ 中所有工件的大小都小于 $\hat{L}$。同样可以证明下面的引理。

引理 3.9　实例 $\hat{I}$ 存在一个最优解 $(\hat{S}_1,\hat{S}_2,\cdots,\hat{S}_m)$ 满足 $\hat{L}/2\leqslant\hat{l}_i\leqslant 2\hat{L}$，这里 $\hat{l}_i=\sum_{\hat{J}_j\in\hat{S}_i}\hat{p}_j$，$1\leqslant i\leqslant m$。

引理 3.10　实例 $\hat{I}$ 最优值 $\hat{\mathrm{OPT}}$ 至少为 $\mathrm{OPT}-L/\lambda$。

证明：令 $(S_1^*,S_2^*,\cdots,S_m^*)$ 表示实例 I 的一个最优解，这里 S_i^* 表示分配给机器 M_i 的工件集。下面来构造实例 $\hat{I}$ 的一个可行解。将 S_i^* 中的大工件 J_j 所对应的实例 $\hat{I}$ 中的大工件 $\hat{J}_j$ 分配给机器 M_i。令 s_i^* 表示 S_i^* 中的所有小工件的处理时间之和，即 $s_i^*=\sum_{J_j\in S_i^*\cap J^S}p_j$。对任意的 $t\in\{1,2,\cdots,m\}$，有 $\sum_{i=1}^{t}s_i^*\leqslant\sum_{i=1}^{t}p(J_{[i]}^S)$。对 $i=1,2,\cdots,m$，将 $\hat{J}_{[1]}^A\cup\cdots\cup\hat{J}_{[i]}^A$ 中的 $\left\lfloor\dfrac{s_i^*}{L/\lambda}\right\rfloor$ 个小工件分配给机器 M_i。每台机器负载至多减少 L/λ。此种分配方式是可行的，如若不然，假定机器 M_τ 无法分配 $\left\lfloor\dfrac{s_i^*}{L/\lambda}\right\rfloor$ 个小工件，这意味着

$$\begin{aligned}\sum_{i=1}^{\tau}\left\lfloor\frac{s_i^*}{L/\lambda}\right\rfloor\frac{L}{\lambda}>\sum_{i=1}^{\tau}\left\lceil\frac{p(J_{[i]}^S)}{L/\lambda}\right\rceil\frac{L}{\lambda}\geqslant\sum_{i=1}^{\tau}p(J_{[i]}^S)\\ \geqslant\sum_{i=1}^{\tau}s_i^*\geqslant\sum_{i=1}^{\tau}\left\lfloor\frac{s_i^*}{L/\lambda}\right\rfloor\frac{L}{\lambda}\end{aligned}$$

矛盾。因此引理成立。证毕。

引理 3.11　实例 I 存在着一个可行解，其目标函数值至少为 $\dfrac{\lambda}{1+\lambda}\hat{\mathrm{OPT}}$

$-\dfrac{2}{\lambda}L$。

证明： 令 $(\hat{S}_1,\hat{S}_2,\cdots,\hat{S}_m)$ 表示实例 $\hat{I}$ 的一个最优解，这里 $\hat{S}_i$ 表示分配给机器 M_i 的工件集。将 $\hat{S}_i$ 中的大工件 $\hat{J}_j$ 所对应的实例 I 中的大工件 J_j 分配给机器 M_i。令 $\hat{s}_i$ 表示 $\hat{S}_i$ 中包含的小工件的个数。对 $i=1,2,\cdots,m$，将 $J^S_{[1]}\cup J^S_{[2]}\cup\cdots\cup J^S_{[i]}$ 中处理时间之和为 $(\hat{s}_i-2)L/\lambda$ ～ $(\hat{s}_i-1)L/\lambda$ 的小工件分配给机器 M_i。注意到此种分配方式能保证机器 M_i 的负载至少为 $\lambda/(1+\lambda)\hat{p}(\hat{S}_i)-2L/\lambda$，其值不小于 $\lambda/(1+\lambda)\hat{\mathrm{OPT}}-2L/\lambda$，并且是可行的。如若不然，假定机器 M_τ 无法分配足够的小工件，这意味着

$$\begin{aligned}\sum_{i=1}^{\tau}p(J^S_{[i]})&<\frac{L}{\lambda}\sum_{i=1}^{\tau}(\hat{s}_i-1)=\frac{L}{\lambda}\sum_{i=1}^{\tau}\hat{s}_i-\tau L/\lambda\\&\leqslant\frac{L}{\lambda}\sum_{i=1}^{\tau}\left\lceil\frac{p(J^S_{[i]})}{L/\lambda}\right\rceil-\tau\frac{L}{\lambda}\leqslant\sum_{i=1}^{\tau}p(J^S_{[i]})\end{aligned}$$

这里第一个不等式是根据每台机器分配的小工件的大小之和不超过 $(\hat{s}_i-1)L/\lambda$ 得到的，第二个不等式是根据解 $(\hat{S}_i,\hat{S}_2,\cdots,\hat{S}_m)$ 中分配给前 τ 个机器的小工件个数之和不超过最大机器指标的辅助工件的个数之和得到的。矛盾，因此引理成立。证毕。

实例 $\hat{I}$ 的工件可以用向量集 $N=\{n^i\mid n^i=(n^i_\lambda,n^i_{\lambda+1},\cdots,n^i_{\lambda^2});i=1,2,\cdots,m\}$ 来表示，这里 n^i_k 表示实例 $\hat{I}$ 中机器指标为 i、大小为 kL/λ^2 的工件的个数。分配给机器 M_i 的工件集可以用向量 $v=(v_\lambda,\ v_{\lambda+1},\cdots,v_{\lambda^2})$ 来表示，这里 $v_k\,(k=\lambda,\lambda+1,\cdots,\lambda^2)$ 表示分配给该机器大小为 kL/λ^2 的工件的个数。定义向量 v 的长度 $l(v)=\sum_{k=\lambda}^{\lambda^2}(v_kL/\lambda^2)$。令 F 表示机器可能分配的长度为 $\hat{L}/2$ ～ $2\hat{L}$ 的向量集，即 $F=\left\{v\mid\hat{L}/2\leqslant l(v)\leqslant 2\hat{L},l(v)\leqslant\sum_{i=1}^{m}n^i\right\}$。由实例 $\hat{I}$ 中所有工件处理时间都不小于 L/λ 及引理 3.7、引理 3.8 知，F 中的每个向量至多包含 $2\lambda+4$ 个工件。因此，$|F|\leqslant\lambda^{4\lambda+8}$。令 $\psi_i\,(i=1,2,\cdots,m)$ 表示能分配给机器

M_i 的所有可能向量的集合，即 $\psi_i=\left\{u \mid u \leqslant \sum_{t=1}^{i} n^t\right\}$。对 $u\in\psi_i$，用 $T(i,u)$ 表示前 i 台机器所分配的工件向量之和为 u 时的最优解中前 i 台机器中负载最小的机器的负载。下面设计出求实例 $\hat{I}$ 的最优解的算法。

算法 3.3

第 1 步： 对 $u\in\psi_1$，置 $T(1,u)=l(u)$；

第 2 步： $i=2,\cdots,m$，对 $u\in\psi_i$，计算

$$T(i,u)=\max\left\{\min\left\{l(v),T(i-1),(u-v)\nabla\sum_{t=1}^{i-1} n^t\right\}\middle| v\in F\cap\psi_i\right\}$$

这里 ∇ 定义为：$a\nabla b=(\min\{a_\lambda,b_\lambda\},\min\{a_{\lambda+1},b_{\lambda+1}\},\cdots,\min\{a_{\lambda^2},b_{\lambda^2}\})$。

第 3 步： 输出最优解 $T(m,n)$。

定理 3.4　算法 3.3 能在 $O(m\lambda^{2\lambda+4}n^{\lambda^2-\lambda+1})$ 时间内求出实例 $\hat{I}$ 的最优值。

证明：算法 3.3 遍历了所有可能的情形，因此可以求得实例 $\hat{I}$ 的最优解。容易验证，算法 3.3 的运行时间为 $O\left(|F|\sum_{i=1}^{m}|\psi_i|\right)$。由 $|\psi_i|\leqslant\Pi_{k=\lambda}^{\lambda^2}(n_k+1)\leqslant n^{\lambda^2-\lambda+1}$ 及 $|F|\leqslant\lambda^{2\lambda+4}$ 知，此定理成立。证毕。

算法 3.4

第 1 步： 令 $\lambda=\lceil 7/\varepsilon\rceil$，构造辅助实例 $\hat{I}$；

第 2 步： 利用算法 3.3 求实例 $\hat{I}$ 的最优解；

第 3 步： 利用引理 3.11 的证明中的方法构造实例 I 的一个 $1+\varepsilon$ 近似解。

定理 3.5　对 $\varepsilon>0$，算法 3.4 可以在 $O(mn^{O(1/\varepsilon^2)})$ 时间内得到问题 $P\,|\,GoS\,|\,C_{\min}$ 的实例的一个可行解，其目标函数值 $\mathrm{OUT}\geqslant(1-\varepsilon)\mathrm{OPT}$。

证明： 由引理 3.11 知，$\hat{\mathrm{OPT}}\geqslant\mathrm{OPT}-L/\lambda$。由引理 3.11 及定理 3.3 知，$\mathrm{OUT}\geqslant\lambda\hat{\mathrm{OPT}}/(1+\lambda)-2L/\lambda$，因此

$$\begin{aligned}\mathrm{OUT}&\geqslant\lambda\hat{\mathrm{OPT}}/(1+\lambda)-2L/\lambda\\&\geqslant\mathrm{OPT}-\mathrm{OPT}/(1+\lambda)-L/(1+\lambda)-2L/\lambda\end{aligned}$$

$$\geqslant \mathrm{OPT}-\mathrm{OPT}/\lambda - L/\lambda - 2L/\lambda$$
$$\geqslant \mathrm{OPT}-7\mathrm{OPT}/\lambda$$
$$\geqslant (1-\varepsilon)\mathrm{OPT}$$

这里第四个不等式是由引理 3.7 得到的，最后一个不等式是由λ的定义得到的。

下面分析算法 3.4 的运行时间。第 1 步可以在$O(n)$时间内完成；由定理 3.3 知，第 2 步可以在$O(mn^{O(1/\varepsilon^2)})$时间内完成；由引理 3.11 知，第 3 步可以在$O(n)$时间内完成。因此，整个算法的运行时间为$O(mn^{O(1/\varepsilon^2)})$。

注意到如果在构造辅助实例$\hat{I}$的过程中，对于每一个大小p_j满足$\frac{1}{\lambda}\left(1+\frac{1}{\lambda}\right)^i L < p_j \leqslant \frac{1}{\lambda}\left(1+\frac{1}{\lambda}\right)^{i+1} L\,(i \geqslant 0)$的工件$J_j$，构造辅助实例$\hat{I}$中一个处理时间为$\hat{p}_j = \frac{1}{\lambda}\left(1+\frac{1}{\lambda}\right)^{i+1} L$的工件$\hat{J}_j$，其余构造和算法同之前完全一样。类似地，可得到如下定理。

定理 3.6　对$\varepsilon > 0$，问题$P|GoS|C_{\min}$存在着一个运行时间为$O(mn^{O(1/\varepsilon)})$的多项式时间近似方案。

3.3.2　问题 $P_m|GoS|C_{\min}$ 的全多项式时间近似方案

本节研究问题$P|GoS|C_{\min}$的机器数m为固定常数的情形。算法 3.4 实际上是问题$P|GoS|C_{\min}$的一个通用的近似方案。对于问题$P|GoS|C_{\min}$的各种特殊情形，若要降低运行时间，只需设计出一个求辅助实例$\hat{I}$的最优解的运行时间更低的算法即可。当机器数m为固定常数时，由实例$\hat{I}$的处理时间至少为L/λ的事实及引理 3.7、引理 3.8 知，求实例$\hat{I}$的最优解，至多需要n^i中的$(2\lambda+4)m$个工件。因此，实例$\hat{I}$只需使用$(2\lambda+4)m^2$个工件。每个工件至多有m种分配方式，因此，采用遍历法，可以在$O(m^{(2\lambda+4)m^2}) = O(1)$时间内求得实例$\hat{I}$的最优解。因此，可得到下面的定理。

定理 3.7　对$\varepsilon > 0$，问题$P_m \mid GoS \mid C_{\min}$存在着一个运行时间为$O(n)$的多项式时间近似方案。

为了得到问题$P_m \mid GoS \mid C_{\min}$的全多项式时间近似方案，必须使实例$\hat{I}$的最优解所需时间是关于$1/\varepsilon$（或$\lambda$）的多项式函数。一种常用的方法是动态规划。用一个$m$维状态向量$(l_1, l_2, \cdots, l_m)$来表示机器的负载情况，这里$l_i$表示机器$M_i$的负载。用状态空间$\psi_k$表示分配完前$k$个工件后所有可能的状态向量集。令$\hat{n}$表示实例$\hat{I}$中需要使用的工件数。由前面的讨论知，$\hat{n} \leqslant (2\lambda + 4)m^2$。下面设计出求实例$\hat{I}$最优解的运行时间为$O(n)$的动态规划算法。

算法 3.5

第 1 步： 置$\psi_0 = \{(0, 0, \cdots, 0)\}$。

第 2 步： 对$k = 1, 2, \cdots, \hat{n}$，状态空间$\psi_k$可由状态空间$\psi_{k-1}$拓展得到。计算方式如下：

$$\psi_k = \psi_{k-1} + \{p_k \boldsymbol{e}_i \mid i = v_k, v_{k+1}, \ldots, m\}$$

这里$\boldsymbol{e}_i (i > 0)$为第i个坐标为 1、其余坐标为 0 的单位行向量，$\boldsymbol{e}_0$为零向量。状态空间ψ_k只保留所有坐标不超过$2\hat{L}$的向量。

第 3 步： 输出$\psi_{\hat{n}}$中目标函数值最小的向量相应的排序。

由每个工件都是L/λ^2的整数倍的事实及引理 3.8 知，状态空间ψ_i中的向量个数至多为$O((2\lambda^2 + 4\lambda + 1)^m)$。因此算法 3.5 的运行时间为$O(\hat{n}(2\lambda^2 + 4\lambda + 1)^m)$，即为关于输入长度的多项式函数且为$O(1)$。

于是，可得到下面的定理。

定理 3.8　问题$P_m \mid GoS \mid C_{\min}$存在着一个运行时间为$O(n)$的全多项式时间近似方案。

3.3.3 问题 $P|GoS_k|C_{\min}$ 的有效多项式时间近似方案

本节设计出问题 $P|GoS_k|C_{\min}$ 的一个运行时间为 $O(n)$ 的有效多项式时间近似方案。在此问题中，$g(M_i)$、$g(J_j)\in\{1,2,...,k\}(1\leqslant i\leqslant n;1\leqslant j\leqslant m)$ 并且 k 为固定常数。对任意输入实例 $I=(J,M;p,g)$，令 m_i 表示等级标号为 i 的机器数。显然，$m=\sum_{i=1}^{k}m_i$。令 $J_{[i]}=\{J_j\mid g(J_j)=i\}$ 表示等级标号为 i 的工件集。易知，$J=\bigcup_{i=1}^{k}J_{[i]}$。令

$$L=\min\left\{\sum_{i=t}^{k}p(J_{[i]})/\sum_{i=t}^{k}m_i\right|\left.t=1,2,\cdots,k\right\}$$

表示等级标号至少为 t 的机器的最大平均负载的最小值。显然，$L\geqslant \text{OPT}$。类似地，可以证明引理 3.6、引理 3.7 同样成立。

同 3.3.1 小节类似，对于任意输入实例 $I=(J,M;p,g)$ 和 ε，令 $\lambda=\lceil 7/\varepsilon\rceil$，构造辅助实例 $\hat{I}$，构造方式如下：

(1) $\hat{I}$ 中的机器集同 I 中的机器集 M 相同，等级标号也不变。

(2) 将工件集 J 分成两个子集：大工件集 J^B 和小工件集 J^S。这里

$$J^B=\{J_j\mid p_j>L/\lambda\},J^S=\{J_j\mid p_j\leqslant L/\lambda\}$$

(3) 对 $i=1,2,\cdots,k$，令 $J_{[i]}^S=J^S\cap J_{[i]}$ 表示实例 I 中等级标号为 i 的小工件的集合。构造 $\hat{I}$ 中 $k_i=\left\lceil\sum_{J_j\in J_{[i]}^S}p_j/\frac{L}{\lambda}\right\rceil$ 个等级标号为 i、大小为 $\hat{p}_j=L/\lambda$ 的辅助工件。这 k_i 个工件的集合记为 $\hat{J}_{[i]}^A$。将所有的辅助工件的集合记为 $\hat{J}^A=\bigcup_{i=1}^{k}\hat{J}_{[i]}^A$。易知，

$$\sum_{J_j\in J_{[i]}^S}p_j\leqslant p(\hat{J}_{[i]}^A)=k_i\cdot L/\lambda\leqslant\sum_{J_j\in J_{[i]}^S}p_j+L/\lambda$$

(4) 对于 J^B 中的工件 J_j，相应地构造 $\hat{I}$ 中一个大小为 $\hat{p}_j=\left\lceil p_j/\frac{L}{\lambda^2}\right\rceil\frac{L}{\lambda^2}$ 的大工件 $\hat{J}_j$。易知，

$$\hat{p}_j \leqslant p_j + L/\lambda^2 \leqslant (1+1/\lambda)p_j$$

工件的等级标号不变。将这些工件记为 $\hat{J}^B$，实例 $\hat{I}$ 中的所有工件的集合记为 $\hat{J} = \hat{J}^B \cup \hat{J}^A$。令

$$\hat{L} = \min\left\{\sum_{i=1}^{t}(\hat{p}(\hat{J}_{[i]}^B) + \hat{p}(\hat{J}_{[i]}^B)) / \sum_{i=t}^{k} m_i \middle| t = 1,2,\cdots,k\right\}$$

表示等级标号至少为 t 的机器的最大平均负载的最小值。易知，引理 3.8～引理 3.11 同样成立。

注意到实例 $\hat{I}$ 的工件可以用向量集 $N = \{n^i \mid n^i = (n_\lambda^i, n_{\lambda+1}^i, \cdots, n_{\lambda^2}^i); i = 1,2, \cdots, k\}$ 来表示，这里 n_l^i 表示实例 $\hat{I}$ 中等级标号为 i、大小为 $l \cdot \dfrac{L}{\lambda^2}$ 的工件的个数。分配给机器 M_i 的工件集可以用向量 $v = (v_\lambda, v_{\lambda+1}, \cdots, v_{\lambda^2})$ 来表示，这里 $v_l\,(l = \lambda, \lambda+1, \cdots, \lambda^2)$ 表示分配给该机器处理时间为 $l \cdot \dfrac{L}{\lambda^2}$ 的工件的个数。定义向量 v 的长度 $l(v) = \sum_{l=\lambda}^{\lambda^2}\left(v_l \cdot \dfrac{L}{\lambda^2}\right)$。令 F 表示机器可能分配的长度为 $\hat{L}/2$～$2L$ 的向量集，即 $F = \left\{v \middle| \hat{L}/2 \leqslant l(v) \leqslant 2\hat{L}, l(v) \leqslant \sum_{i=1}^{k} n^i\right\}$。由实例 $\hat{I}$ 中所有工件处理时间都不小于 L/λ 及引理 3.8 知，F 中的每个向量至多包含 $2\lambda+4$ 个工件。因此，$|F| \leqslant \lambda^{4\lambda+8}$。令 $\psi_i\,(i = 1,2,\cdots,m)$ 表示能分配给等级标号为 i 的机器所有可能的向量集，即 $\psi_i = \left\{u \middle| u \leqslant \sum_{t=i}^{k} n^t; \hat{L}/2 \leqslant l(u) \leqslant 2\hat{L}\right\}$。对每一个 $v \in F$，定义 $\psi_i^v = \{u \in \psi_i \,|\, l(u) \geqslant l(v)\}$。对每一个向量 $u \in \psi_i^v$，用 x_i^u 表示等级标号为 i 的机器分配的工件向量为 $u \in \psi_i^v$ 的个数。对每一个 $v \in F$，构造一个整数线性规划：

$$x_i^u \in \{0,1,\cdots,m\}, \quad \forall u \in \psi_i^v$$

其目标函数任意，约束条件如下：

$$\begin{cases} \sum_{u\in\psi_i^v} x_i^u = m_i;\ i=1,2,\cdots,k \\ \sum_{i=t}^{k}\sum_{u\in\psi_i^v} x_i^u u \leqslant \sum_{i=t}^{k} n^t;\ t=1,2,\cdots,k \end{cases} \quad \left(x_i^u \in \{0,1,\cdots,m\} \quad \forall u\in\psi_i^v\right)$$

这里第一个式子保证了每台机器都分配有工件向量，第二个式子保证了每个工件至多使用一次。注意到 ILP(v) 中变量个数为$\sum_{i=1}^{k}\left|\psi_i^v\right| \leqslant k\left|F\right| \leqslant k\lambda^{4\lambda+8}$，约束条件个数为$k+k(\lambda^2-\lambda+1)+\sum_{i=1}^{k}\left|\psi_i^v\right| \leqslant k(\lambda^2-\lambda+2+\lambda^{2\lambda+4})$，其中$\lambda$和$k$是固定常数。利用 Lenstra 算法，可以在$O(n)$内判断 ILP$(v)$是否有可行解。至多执行$\left|F\right|=O(1)$次 Lenstra 算法，可得到实例$\hat{I}$的最优值$\hat{\text{OPT}}=\max\{l(v)\,|\,\text{ILP}(v)\text{存在可行解}\}$。于是，得到下面的定理。

定理 3.9　辅助实例$\hat{I}$的最优值可在$O(n)$时间内求出。

类似于定理 3.5 的证明，可得到下面的定理。

定理 3.10　问题$P\,|\,GoS_k\,|\,C_{\min}$存在着一个运行时间为$O(n)$的有效多项式时间近似方案。

3.4　目标函数为 min-l_p

3.4.1　问题$P\,|\,GoS\,|\,l_p$的 2-近似算法

注意到问题$P\,|\,GoS\,|\,l_p$是 Azar 等(2004)研究中所考虑的特殊情形，因此 Azar 等(2004)研究中的全范数 2-近似算法也适用于问题$P\,|\,GoS\,|\,l_p$，但是其运行时间不是强多项式的。本节将设计出问题$P\,|\,GoS\,|\,l_p$的一个强多项式时间的全范数 2-近似算法。对于问题$P\,|\,GoS\,|\,l_p$的任意输出实例$I=(J,M;p,g)$，假定工件和机器按等级大小从小到大的顺序重新标号，不妨记为$g(J_1)\leqslant g(J_2)\leqslant\cdots\leqslant g(J_n)$，$g(M_1)\leqslant g(M_2)\leqslant\cdots\leqslant g(M_m)$。定义工件$J_j$的机器指标$v_j$为能加工工件$J_j$的最大下标机器的下标，即$v_j=\max$

$\{i \mid g(M_i) \leqslant g(J_j)\}$。令 $J_{[i]} = \{J_j \mid v_j = i\}\,(i = 1,2,\cdots,m)$ 表示机器指标为 i 的工件集。实例 $I = (J, M; p, g)$ 中的工件集 J 可以表示为 m 个不同机器指标的工件子集的并，即 $J = \bigcup_{i=1}^{m} J_{[i]}$。显然，$J_{[i]}$ 中的工件只能在机器 $M_1, M_2, \cdots, M_i$ 上加工。对任一工件集 $S \subseteq J$，令 $p(S)$ 表示 S 中所有工件的大小之和，即 $p(S) = \sum_{J_j \in S} p_j$。

找到最大的 m_1，使得

$$L_{m_1} = \sum_{i=1}^{m_1} p(J_{[i]}) / m_1 = \max\left\{ \sum_{i=1}^{\tau} p(J_{[i]}) / \tau \,\middle|\, \tau = 1,2,\cdots,m \right\}$$

再找到最大的 m_2，使得

$$L_{m_2} = \sum_{i=m_1+1}^{m_1+m_2} p(J_{[i]}) / m_2 = \max\left\{ \sum_{i=m_1+1}^{m_1+\tau} p(J_{[i]}) / \tau \,\middle|\, \tau = 1,2,\ldots,m-m_1 \right\}$$

按此法依次找到 $m_3, m_4, \cdots, m_k$，使得 $\sum_{t=1}^{k} m_t = m$，这里

$$\begin{aligned} L_{m_k} &= \sum\nolimits_{i=m_1+\cdots+m_{k-1}+1}^{m} p(J_{[i]}) / m_k \\ &= \max\left\{ \sum_{i=m_1+\cdots+m_{k-1}+1}^{m_1+\cdots+m_{k-1}+\tau} p(J_{[i]}) / \tau \,\middle|\, \tau = 1,\ldots,m-\sum_{t=1}^{k-1} m_l \right\} \end{aligned}$$

由 $L_{m_1}, L_{m_2}, \cdots, L_{m_k}$ 的定义知，$L_{m_1} > L_{m_2} > \cdots > L_{m_k}$。

引理 3.12　对任意的 $p > 1$，实例 I 的任一个可行解 $(S_1, S_2, \cdots, S_m)$ 相应的负载向量 $(l_1, l_2, \cdots, l_m)$ 的目标函数值为

$$\|(l_1, l_2, \cdots, l_m)\|_p \geqslant \left(\sum_{t=1}^{k} m_t (l_{m_t})^p \right)^{1/p}$$

证明： 由 $L_{m_1}, L_{m_2}, \cdots, L_{m_k}$ 的定义及 $f(t) = t^p$ 的凸性即可以得到此引理。证毕。

全范数 2-近似算法思路：将工件按下标从小到大的顺序分配给机器 M_1，直至机器 M_1 的负载首次超过 L_{m_1} 或所有的工件都被分配；接着将剩余的工件按下标从大到小的顺序分配给机器 M_2，直至机器的负载首次超过

L_{m_2} 或所有的工件都被分配；依此法将所有的工件全部分配。

定理 3.11　上述算法是对所有 p 都成立的 2-近似算法。

证明： 令 $J_{i_l}(l=1,2,\cdots,m)$ 表示最后一个分配给机器 M_l 的工件，$L=(l_1,l_2,\cdots,l_m)$ 表示机器的负载向量，则有

$$\begin{aligned}\|L\|_p &\leqslant \left\|(l_1-p_{i_1},\cdots,l_m-p_{i_m})\right\|_p+\left\|p_{i_1},\cdots,p_{i_m}\right\|_p\\ &\leqslant \left\|(l_{m_1},\cdots,l_{m_1},l_{m_2},\cdots,l_{m_2},\cdots,l_{m_k},\cdots,l_{m_k}\right\|_p+\left\|(p_{i_1},\cdots,p_{i_m})\right\|_p\\ &=\left(\sum_{t=1}^{k}m_t(l_{m_t})^p\right)^{1/p}+\left\|(p_{i_1},\cdots,p_{i_m})\right\|_p\\ &\leqslant 2\mathrm{OPT}\end{aligned}$$

这里最后一个不等式是由引理 3.12 及 $\left\|(p_{i_1},\cdots,p_{i_m})\right\|_p$ 是OPT 的明显下界得到的。证毕。

3.4.2　问题 $P_m|GoS|l_p$ 的全多项式时间近似方案

对于给定的正整数 p，本小节考虑机器数 m 为固定常数的情形，将此问题记为 $P_m|GoS|l_p$。对于问题 $P_m|GoS|l_p$ 的任意输入实例 $I=(J,M;p,g)$，假定所有机器按等级大小从大到小排序，即 $g(M_1)\geqslant g(M_2)\geqslant\cdots\geqslant g(M_m)$。定义工件 J_j 的机器指标 v_j 为能加工工件 J_j 的最小下标机器的下标，即 $v_j=\min\{i\,|\,g(M_i)\leqslant g(J_j)\}$。令 $J_{[i]}=\{J_j\,|\,v_j=i\}(i=1,2,\cdots,m)$ 表示机器指标为 i 的工件集。实例 $I=(J,M;p,g)$ 中的工件集 J 可以表示为 m 个不同机器指标的工件子集的并，即 $J=\bigcup_{i=1}^{m}J_{[i]}$。显然，$J_{[i]}$ 中的工件只能在机器 $M_i,M_{i+1},\cdots,M_m$ 上加工。对任一工件集 $S\subseteq J$，令 $p(S)$ 表示 S 中所有工件的大小之和，即 $p(S)=\sum_{J_j\in S}p_j$。令

$$L=\sum_{i=1}^{m}p(J_{[i]})/m$$

表示 m 台机器的平均负载。令 $(l_1^*l_2^*,\cdots,l_m^*)$ 表示最优解相应的负载向量，这

里 l_i^* 表示机器 M_i 的负载。由 l_p 范数的凸性知

$$\mathrm{OPT}=\left\|(l_1^*l_2^*,\cdots,l_m^*)\right\|_p \geqslant \left\|(L,L,\cdots,L)\right\|_p = m^{1/p}L$$

其中，OPT 表示实例 $I=(J,M;p,g)$ 的最优值。

对于输入实例 $I=(J,M;p,g)$ 和给定的 ε，令 $\delta=\varepsilon/3$，构造辅助实例 $\hat{I}=(\hat{J},M;\hat{p},g)$，构造方式如下：

(1) 实例 $\hat{I}$ 中的机器集同 I 中的机器集 M 相同，等级标号也不变。

(2) 将工件集 J 分成两个子集：大工件集 J^B 和小工件集 J^S，这里

$$J^B=\{J_j \mid p_j>\delta L\}, J^S=\{J_j \mid p_j \leqslant \delta L\}$$

(3) 对 $i=1,2,\cdots,m$，令 $J_{[i]}^S=J^S\cap J_{[i]}$ 表示实例 I 中机器指标为 i 的小工件的集合。构造实例 $\hat{I}$ 中 $k_i=\left\lceil \sum_{J_j\in J_{[i]}^S} p_j/\delta L \right\rceil$ 个机器指标为 i、处理时间为 δL 的辅助工件。这 k_i 个工件的集合记为 $\hat{J}_{[i]}^A$。将所有的辅助工件的集合记为 $\hat{J}^A=\bigcup_{i=1}^m \hat{J}_{[i]}^A$。易知：

$$\sum_{J_j\in J_{[i]}^S} p_j \leqslant p(\hat{J}_{[i]}^A)=k_i\cdot\delta L \leqslant \sum_{J_j\in J_{[i]}^S} p_j+\delta L$$

(4) 对于 J^B 中的工件 J_j，相应地构造 $\hat{I}$ 中一个大小为 $\hat{p}_j=\left\lceil p_j/\delta^2 L \right\rceil$ 的大工件 $\hat{J}_j$。易知：

$$\hat{p}_j \leqslant p_j+\delta^2 L \leqslant (1+\delta)p_j$$

工件的机器指标不变。将这些工件记为 $\hat{J}^B$，实例中的所有工件的集合记为 $\hat{J}=\hat{J}^B\cup\hat{J}^A$。

引理 3.13　实例 $\hat{I}$ 最优值 $\mathrm{O\hat{P}T}$ 至多为 $(1+\delta)\mathrm{OPT}+\delta m^{1/p}L$。

证明： 令 $(S_1^*,S_2^*,\cdots,S_m^*)$ 表示实例 I 的一个最优解，这里 S_i^* 表示分配给机器 M_i 的工件集。下面来构造实例 $\hat{I}$ 的一个可行解。

将 S_i^* 中的大工件 J_j 所对应的实例 $\hat{I}$ 中的大工件 $\hat{J}_j$ 分配给机器 M_i。令 s_i^* 表示 S_i^* 中的所有小工件的大小之和，即 $s_i^*=\sum_{J_j\in S_i^*\cap J^S} p_j$。对 $i=1,2,\cdots,m$，

将$\hat{J}_{[1]}^A\cup\cdots\cup\hat{J}_{[i]}^A$中的$\lceil s_i^*/\delta L\rceil$个小工件分配给机器$M_i$。每台机器负载至多增加$\delta L$。易知，此种分配方式是可行的。从而得到实例$\hat{I}$的一个可行解$(\hat{S}_1,\hat{S}_2,\cdots\hat{S}_m)$，并且

$$\hat{p}(\hat{S}_i)\leqslant(1+\delta)p(S_i^*)+\delta L$$

因此，可行解$(\hat{S}_1,\hat{S}_2,...,\hat{S}_m)$的目标函数值为

$$\begin{aligned}\left\|\hat{p}(\hat{S}_1),\cdots,\hat{p}(\hat{S}_m)\right\|_p&\leqslant\left\|(1+\delta)p(S_1^*)+\delta L,\cdots,(1+\delta)p(S_m^*)+\delta L\right\|_p\\&\leqslant(1+\delta)\left\|\hat{p}(\hat{S}_1),\cdots,\hat{p}(\hat{S}_m)\right\|_p+\left\|(\delta L,\cdots,\delta L)\right\|_p\\&\leqslant(1+\delta)\mathrm{OPT}+\delta m^{1/p}L\end{aligned}$$

这意味着$\hat{\mathrm{OPT}}\leqslant(1+\delta)\mathrm{OPT}+\delta m^{1/p}L$。证毕。

引理 3.14　实例I存在着一个可行解$(S_1,S_2,\cdots,S_m)$，其目标函数值至多为$\hat{\mathrm{OPT}}+\delta m^{1/p}L$。

证明：令$(\hat{S}_1,\hat{S}_2,\cdots,\hat{S}_m)$表示实例$\hat{I}$的一个最优解，这里$\hat{S}_i$表示分配给机器$M_i$的工件集。下面来构造实例$I$的一个可行解。

将$\hat{S}_i$中的大工件$\hat{J}_j$所对应的实例I中的大工件J_j分配给机器M_i。令$\hat{s}_i$表示$\hat{S}_i$中的所有小工件的处理时间之和，即$\hat{s}_i=\sum_{J_j\in\hat{S}_i\cap\hat{J}^A}\hat{p}_j$。将$J_{[1]}^S\cup\cdots\cup J_{[i]}^S$中尽可能多的(但处理时间之和不超过$\hat{s}_i+\delta L$)剩余小工件分配给机器$M_i$，每台机器负载至多增加$\delta L$。容易验证，此种分配方式能保证所有的工件都被分配。从而得到实例$\hat{I}$的一个可行解$(S_1,S_2,\cdots,S_m)$，并且

$$p(S_i)\leqslant p(S_i^*)+\delta L$$

因此，可行解$(S_1,S_2,\cdots,S_m)$的目标函数值为

$$\begin{aligned}\left\|p(S_1),\cdots,p(S_m)\right\|_p&\leqslant\left\|p(\hat{S}_1)+\delta L,\cdots,p(\hat{S}_m)+\delta L\right\|_p\\&\leqslant\left\|p(\hat{S}_1),\cdots,\hat{p}(\hat{S}_m)\right\|_p+\left\|(\delta L,\cdots,\delta L)\right\|_p\\&\leqslant\hat{\mathrm{OPT}}+\delta m^{1/p}L\end{aligned}$$

这意味着$\mathrm{OPT}\leqslant\hat{\mathrm{OPT}}+\delta m^{1/p}L$。证毕。

算法 3.6

第 1 步：对任意给定的实例 I，构造实例 $\hat{I}$，不妨设实例 $\hat{I}$ 中的工件个数为 $\hat{n}$。

第 2 步：置 $\psi_0=\{(0,0,\cdots,0)\}$。对 $k=1,2,\cdots,\hat{n}$，状态空间 ψ_k 可由状态空间 ψ_{k-1} 拓展得到。计算方式如下：

$$\psi_k=\psi_{k-1}+\{p_k e_i \mid i=v_k,v_k+1,\cdots,m\}$$

第 3 步：输出 $\psi_{\hat{n}}$ 中目标函数值最小的向量相应的排序 $(\hat{S}_1,\hat{S}_2,\cdots,\hat{S}_m)$，利用引理 3.14 证明中的方式构造出实例 I 的一个可行解 $(S_1,S_2,\cdots,S_m)$。

定理 3.12　算法 3.6 是问题 $P_m\mid GoS\mid l_p$ 的一个运行时间为 $O(n)$ 的全多项式时间近似方案。

证明：由引理 3.12 及引理 3.14 知：

$$\begin{aligned}\|p(S_1),\cdots,p(S_m)\|_p &\leqslant \hat{\mathrm{OPT}}+\delta m^{1/p}L\\ &\leqslant (1+\delta)\mathrm{OPT}+\delta m^{1/p}L+\delta m^{1/p}L\\ &\leqslant (1+3\delta)\mathrm{OPT}\\ &\leqslant (1+\varepsilon)\mathrm{OPT}\end{aligned}$$

下面分析算法 3.6 的运行时间。因为 $\hat{I}$ 的工件的处理时间均为 $\delta^2 L$ 的整数倍且不超过 mL，所以 $|\psi_j|=O((m/\delta^2+1)^m)$；又因为 $\hat{I}$ 的工件的处理时间都至少为 δL 且所有工件的处理时间之和为 mL，所以 $\hat{n}\leqslant m/\delta$。因此，第 2 步的运行时间为 $O\left(\sum_{j=1}^{\hat{n}}|\psi_j|m\right)=O(m^{m+2}/\varepsilon^{2m+1})$。又因为第 1 步和第 3 步均可在 $O(n)$ 时间内完成，所以算法 3.6 的运行时间为 $O(m^{m+2}/\varepsilon^{2m+1}+n)=O(n)$，即为关于输入长度和的多项式函数。证毕。

第 4 章　带数目约束的负载均衡问题

4.1　引　　言

本书重点研究具有数目约束的负载均衡问题(cardinality constrained load balancing problem，简记为 CCLB 问题)，其定义如下：给定机器集 $M=\{M_1,M_2,\cdots,M_m\}$ 和任务集 $J=\{J_1,J_2,\cdots,J_{km}\}$，任务 J_j 在机器 M_i 上的处理时间为 p_{ij}，将这 km 个任务分配到 m 台机器上，每台机器上恰好分配 k 个任务，使得各机器的负载尽可能地均衡。令 S_i 表示在机器 M_i 上加工的任务集，机器 M_i 的负载定义为在其上加工的所有任务的加工时间之和，记为 $l_i=\sum_{j:\ J_j\in S_i} p_{ij}$。令向量 $\boldsymbol{L}=(l_1,l_2,\cdots,l_m)$，主要考虑下面的三种目标函数：

(1) 最大机器负载尽可能达到最小，即 $\min_L \max\{l_i \mid 1\leqslant i\leqslant m\}$，简记为 min-max；

(2) 最小机器负载尽可能达到最大，即 $\max_L \min\{l_i \mid 1\leqslant i\leqslant m\}$，简记为 max-min；

(3) 向量 $\boldsymbol{L}$ 的 l_p 范数尽可能达到最小，即 $\min_L\left(\sum_{i=1}^{m} l_i^p\right)^{\frac{1}{p}}$，简记为 min-$l_p$，这里 $p\in(1,+\infty)$。

因其固有的困难性，目前为止没有发现一般情形下 CCLB 问题的研究结果。当 $p_{ij}=p_j$ 时，即每个任务在不同的机器上的加工时间都相同时，CCLB 问题即为 k-划分问题。当目标函数为 min-max 时，Babel 等(1998)设计出了 k-划分问题的一个 $4/3$-近似算法。若每台机器分配的任务数有上限但不要求相等时，Kellerer 和 Kotov(2011)给出了一个 1.5-近似算法。

Chen 等(2016)设计了一个有效的多项式时间近似方案，这几乎是最佳的结果。关于 k -划分问题上下界的讨论参见相关文献(Dell' Amico et al.，2001；Dell' Amico et al.，2004；Dell' Amico et al.，2006)。当目标函数为 max-min 时，何勇等(2003)设计出了 k -划分问题的一个 $\max\{2/k,1/m\}$ -近似算法，更多相关结果见相关文献(Bruglieri et al.，2006)。

当 $p_{ij}=p_j$ 且 $k=3$ 时，CCLB 问题即为 3-划分问题。当目标函数为 min-max 时，Kellerer 和 Woeginger (1993)证明了 LPT 算法的近似值为 $1.33-1/(3m)$；Kellerer 和 Kotov (1999)设计出了一个 $7/6$ -近似算法。当目标函数为 max-min 时，Chen 等 (2002)证明了修正的 LPT 算法的近似值为 $(2m-1)/(3m-2)$。

本书考虑 $k=2$ 时的 CCLB 问题，即每个实例中共含有 m 台机器和 $2m$ 个工件，称此问题为 2-半匹配问题。当目标函数为 min-max 时，证明 2-半匹配问题是 $3/2-\varepsilon$ -不可近似的(这里 $\varepsilon>0$)，并设计出一个强多项式时间的 2-近似算法；当目标函数为 max-min 时，证明 2-半匹配问题是 $1/2+\varepsilon$ -不可近似的，并设计出一个 $1/2$ -近似算法；当目标函数为 min- l_p 时，证明 2-半匹配问题是 APX -难的，并设计出一个 $2^{1-1/p}$ -近似算法，这里 $1<p<+\infty$。

4.2　min-max CCLB 问题的 2-近似算法

本节中，利用多项式归约方法分析目标函数为 min-max 的 2-半匹配问题的不可近似比，并结合二分法和网络流技术设计强多项式时间的 2-近似算法。

定理 4.1　目标函数为 min-max 的 2-半匹配问题是 $3/2-\varepsilon$ -不可近似的。

证明：采用类似于 Lenstra(1990)的证明方法，将 3 维匹配问题多项式归约到目标函数为 min-max 的 2-半匹配问题。

3 维匹配问题的定义如下：给定三个集合 $X=\{x_1,x_2,\cdots,x_n\}$、$Y=\{y_1,y_2,\cdots,y_n\}$ 和 $Z=\{z_1,z_2,\cdots,z_n\}$ 及三元组集 $T=\{T_1,T_2,\cdots,T_m\}\subseteq X\times Y\times Z$，那么是否存在一个 3 维完美匹配 $T'\subseteq T$ 满足 $|T'|=n$，且 X、Y、Z 中的每个元素在 T' 中恰好出现一次。此问题是 NP−难的。

给定 3 维匹配问题的任一实例 I，构造目标函数为 min-max 的 2−半匹配问题的一个由 m 台机器和 $2m$ 个任务组成的实例 I'。机器集 M 中的机器 M_l 代表集合 T 中的三元组 T_l。任务集 J 中有三类任务，分别用 B、C、D 来表示，其中：

(1) B 中包含 n 个处理时间为 1 的任务，其中任务 J_{b_j}（$j=1,2,\cdots,n$）代表 Y 中的元素 y_j，当且仅当 $y_j\in T_l$ 时，任务 J_{b_j} 能在机器 M_l 上加工；

(2) C 中包含 n 个处理时间为 1 的任务，其中任务 J_{c_k}（$k=1,2,\cdots,n$）代表 Z 中的元素 z_k，当且仅当 $z_k\in T_l$ 时，任务 J_{c_k} 能在机器 M_l 上加工；

(3) D 中包含 $m-n$（$\geqslant 0$）个处理时间为 2 的“虚拟”任务和 $m-n$ 个处理时间为 0 的“虚拟”任务，其中有 a_i（$i=1,2,\cdots,n$）个处理时间为 2 的任务和 a_i（$i=1,2,\cdots,n$）个处理时间为 0 的任务代表元素 x_i，这里 a_i 等于元素 x_i 在 T 中的三元组中出现的次数减 1，即 $a_i=\sum_{l=1}^{n}|T_l\cap\{x_i\}|-1$（容易验证 $\sum_{i=1}^{n}a_i=m-n$），当且仅当 $x_i\in T_l$ 时，这 $2a_i$ 个任务能在机器 M_l 上加工。

如果实例 I 存在一个 3 维完美匹配 $T^*=\{T_{i_1},T_{i_2},\cdots,T_{i_n}\}$，可以构造实例 I' 的一个可行解，方法如下：B 中的任务 J_{b_j}（$j=1,2,\cdots,n$）在机器 M_{i_l} 上加工，这里 M_{i_l} 满足 $y_j\in T_{i_l}\in T^*$；C 中的任务 J_{c_k}（$k=1,2,\cdots,n$）在机器 M_{i_l} 上加工，这里 M_{i_l} 满足 $z_k\in T_{i_l}\in T^*$；D 中相应于 x_i 的一个处理时间为 2 的任务和一个处理时间为 0 的任务在机器 M_{i_l} 上加工，这里 M_{i_l} 满足 $x_i\in T_{i_l}\in T\setminus T^*$。容易验证，此可行解的目标函数值为 2。由于机器的平均

负载为 2，所以此解是最优解。

如果实例 I' 的最优值为 2，显然处理时间为 2 的任务和处理时间为 0 的任务分配在同一台机器上，两个处理时间为 1 的任务分配给同一台机器。令 $M_{i_1}, M_{i_2}, \cdots, M_{i_n}$ 表示分配有两个处理时间为 1 的任务的机器，不难验证它们所代表的三元组集 $T^* = \{T_{i_1}, T_{i_2}, \cdots, T_{i_n}\}$ 正是实例 I 的一个 3 维完美匹配。

综上所述，当且仅当实例 I' 的最优值为 2 时，实例 I 存在 3 维匹配。又因为实例 I' 的任一可行解的目标函数值是整数，所以当实例 I 不存在 3 维完美匹配时，实例 I' 的最优值至少为 3。这就说明了目标函数为 min-max 的 2-匹配问题是 $3/2-\varepsilon$ -不可近似的。证毕。

给定 2-半匹配问题的任一实例 I_{sm}，由于任务总数为 $2m$ 且每台机器恰好分配两个任务，所以当目标函数为 min-max 时，2-半匹配问题的目标函数值至多有 mC_{2m}^2 种可能。对任意正数 T，通过构造相应的网络流问题的实例，设计出如下算法求可行解。

算法 4.1

第 1 步：构造一个网络 $N = (U \cup V \cup \{s,t\}, A, c)$，这里 U 中的顶点 u_i 代表机器 M_i（$i = 1,2,\cdots,m$），V 中的顶点 v_j 代表任务 J_j （$j = 1,2,\cdots,2m$），弧集合 $A = \{(s,u_i) | i = 1,2,\cdots,m\} \cup \{(u_i,v_j) | p_{ij} \leqslant T\} \cup \{(v_j,t) | j = 1,2,\cdots,2m\}$，相应的容量函数 c 满足

$$c(s,u_i) = 2,\ c(u_i,v_j) = c(v_j,t) = 1$$

第 2 步：利用网络最大流算法求出 N 中的最大流 f，如果流值小于 $2m$，则输出 $\mathrm{OPT} > T$，否则转下一步。

第 3 步：对每条弧 $(u_i,v_j) \in A$，如果 $f(u_i,v_j) = 1$，则将任务 J_j 分配给机器 M_i，得到 2-半匹配问题的一个可行解。

定理 4.2　当目标函数为 min-max 时，2-半匹配问题存在着 2-近似算

法，其时间复杂性为$O(m^3 \log m)$，这里m为机器数。

证明：如果实例I_{sm}存在一个目标函数至多为T的可行解，则算法A_1能构输出一个目标函数值至多为$2T$的可行解。如若不然，当$\text{OPT}(I) \leqslant T$时，如果算法$A_1$得不到目标函数值至多为$2T$的可行解，这意味着网络$N$不存在流值为$2m$的流，等价于实例$I_{sm}$中的任一可行解中必存在一个分配给机器$M_i$的任务$J_j$满足$p_{ij} > T$，即$\text{OPT}(I_{sm}) > T$，矛盾！因此，当$\text{OPT}(I_{sm}) \leqslant T$时，算法$A_1$能得到一个目标函数值至多为$2T$的可行解。

算法 4.1 中第 1 步和第 3 步的运行时间均为$O(m^2)$；由于网络N是一个最大容量为 2 的简单网络，根据 Ahuja 等(1993)的研究知，第 2 步可以在$O(m^{5/2})$时间内完成。因此，对任意可能的取值T，算法 4.1 的运行时间为$O(m^{5/2})$。对目标函数值的每个可能的取值T（至多mC_{2m}^2个），执行算法 4.1，在所有可行解中找到一个目标函数值最小的可行解，此可行解的目标函数值不超过$2\text{OPT}(I_{sm})$，共需时间为$O(mC_{2m}^2 \cdot m^{5/2}) = O(m^{11/2})$，是关于输入规模的强多项式函数。容易验证，对$T$所有可能的取值在$O(m^3 \log m)$时间内进行排序，再用二分法来调用$O(\log m)$次算法 4.1 可以得到一个 2-近似解，总的运行时间为$O(m^3 \log m)$。证毕。

4.3　max-min CCLB 问题的$1/2-1/3$近似算法

当目标函数为 max-min 时，利用定理 4.2 中的证明方法，容易证明 2-半匹配问题是$1/2+\varepsilon$-不可近似的，证明过程从略。进一步，结合二分法和匹配算法设计了强多项式时间的$1/2$-近似算法。

定理 4.3　目标函数为 max-min 的 2-半匹配问题是$1/2+\varepsilon$-不可近似的。

为了设计目标函数为 max-min 的 2-半匹配问题的近似算法，对任意正数T，设计如下算法求可行解。

算法 4.2

第 1 步：构造图 $G=(U\cup V,E)$，这里 U 中的顶点 u_i 代表机器 M_i（$i=1,2,\cdots,m$），V 中的顶点 v_j 代表任务 J_j（$j=1,2,\cdots,2m$），边集 $E=\{(u_i,v_j)\big|p_{ij}\geqslant T/2\}$。

第 2 步：如果图 G 存在一个基数为 m 的最大匹配 $MM\subseteq E$，对边 $(u_i,v_j)\in MM$，将任务 J_j 分配给机器 M_i，最后分配剩余的 m 个任务使得每台机器恰好分配两个任务。否则，输出 $\mathrm{OPT}(I_{sm})<T$。

定理 4.4　当目标函数为 max-min 时，2-半匹配问题存在着一个 $1/2$-近似算法，其时间复杂性为 $O(m^3\log m)$。

证明：如果实例 I_{sm} 存在一个目标函数值至少为 T 的可行解，算法 A_2 能得到一个目标函数值至少为 $T/2$ 的可行解。否则，如果算法 A_2 得不到目标函数值至少为 $T/2$ 的可行解，这意味着图 G 不存在基数为 m 的匹配，这等价于实例 I_{sm} 的任一可行解中存在一台机器 M_i 所分配的两个任务大小都小于 $T/2$，即 $\mathrm{OPT}(I_{sm})<T$。矛盾!

在算法 4.2 中，第 1 步的运行时间为 $O(m^2)$；调用 Ahuja 等(1993)求最大基数匹配的算法，第 2 步可以在 $O(m^{5/2})$ 时间内完成。对目标函数值的每个可能的取值 T（至多 mC_{2m}^2 个），运行算法 A_2，在所有可行解中找到一个目标函数值最大的可行解，共需时间为 $O(mC_{2m}^2\cdot m^{5/2})=O(m^{11/2})$。同定理 4.1 类似，算法的运行时间可以降为 $O(m^3\log m)$。证毕。

4.4　min-l_p　CCLB 问题的 $2^{1-1/p}$-近似算法

当目标函数为 min-l_p 时，利用 Papadimitriou 和 Yannakakis(1991)的研究中的 L-归约技术，证明 2-半匹配问题是 APX-难的，即不存在多项式时间近似方案。进一步，结合匹配算法和凸函数的性质设计 $2^{1-1/p}$-近似算法。

定理 4.5 目标函数为 $\min\text{-}l_p$ 的 2−半匹配问题是 APX−难的。

证明：只要证明了目标函数为 $\min_L \sum_{i=1}^{m} l_i^2$ 的 2−半匹配问题是 APX−难的，即可以直接推出目标函数为 $\min\text{-}l_2$ 的 2−半匹配问题是 APX−难的。对于其余的实数 $p>1$，可以类似地得到相同的结果。下面将限制的 Max-3DM-3 问题(Petrank，1994) L−归约到 2−半匹配问题，从而证明目标函数为 $\min_L \sum_{i=1}^{m} l_i^2$ 的 2−半匹配问题是 APX−难的。

限制的 Max-3DM-3 问题的定义如下：给定三个集合 $X=\{x_1,x_2,\cdots,x_n\}$、$Y=\{y_1,y_2,\cdots,y_n\}$ 和 $Z=\{z_1,z_2,\cdots,z_n\}$ 及三元组集 $T=\{T_1,T_2,\cdots,T_m\}\subseteq X\times Y\times Z$，这里 X、Y、Z 中的每个元素在 T 中的三元组出现的次数分别为 1、2 或 3，这意味着 $n\leqslant m\leqslant 3n$。特别地，T 中包含一个完美匹配，即存在 $T^*\subseteq T$ 满足 $|T^*|=n$，且 X、Y、Z 中的每个元素在 T^* 中的三元组中恰好出现一次。寻找一个集合 $T'\subseteq T$，使得 X、Y、Z 中的每个元素在 T' 中至多出现一次，其目标是使得 $|T'|$ 达到最大。Petrank (1994) 证明了此问题是 APX−难的。

给定限制的 Max-3DM-3 问题的任一实例 I，构造 2−半匹配问题中一个由 $3n$ 台机器和 $6n$ 个任务组成的实例 I'，其中含有 m 台机器的集合 M 中的机器 M_l 代表集合 T 中的三元组 T_l，机器集 N 中的 $3n-m$ 台机器起辅助作用。任务集 J 包含四类任务，分别用 B、C、D、E 来表示，其中:

(1) B 中包含 n 个处理时间为 1 的任务，其中任务 J_{b_j} ($j=1,2,\cdots,n$) 代表 Y 中的元素 y_j，当且仅当 $y_j\in T_l$ 时，任务 J_{b_j} 能在机器 M_l 上加工；

(2) C 中包含 n 个处理时间为 1 的任务，其中任务 J_{c_k} ($k=1,2,\cdots,n$) 代表 Z 中的元素 z_k，当且仅当 $z_k\in T_l$ 时，任务 J_{c_k} 能在机器 M_l 上加工；

(3) D 中包含 $m-n$ ($\geqslant 0$) 个处理时间为 2 的“虚拟”任务和 $m-n$ 个处理时间为 0 的“虚拟”任务，其中有 a_i ($i=1,2,\cdots,n$) 个处理时间为 2 的任

务和 a_i（$i=1,2,\cdots,n$）个处理时间为 0 的任务代表元素 x_i，这里 a_i 等于元素 x_i 在 T 中的三元组中出现的次数减 1，即 $a_i=\sum_{l=1}^{n}\left|T_l\cap\{x_i\}\right|-1$，当且仅当 $x_i\in T_l$ 时，这 $2a_i$ 个任务能在机器 M_l 上加工。

(4) E 中包含 $6n-2m$（$\geqslant 0$）个大小为 1 的“辅助”任务，它们可以在 N 中的任何一台机器上加工。由限制的 Max - 3DM - 3 问题实例的定义知，$\mathrm{OPT}(I)=n$。给定实例 I 的一个最优解 $T^*=\{T_{i_1},T_{i_2},\cdots,T_{i_n}\}$，构造实例 I' 的一个可行解，方法如下：

① B 中的任务 J_{b_j}（$j=1,2,\cdots,n$）在机器 M_{i_l} 上加工，这里 M_{i_l} 满足 $y_j\in T_{i_l}\in T^*$；

② C 中的任务 J_{c_k}（$k=1,2,\cdots,n$）在机器 M_{i_l} 上加工，这里 M_{i_l} 满足 $z_k\in T_{i_l}\in T^*$；

③ D 中相应于 x_i 的一个处理时间为 2 的任务和一个大小为 0 的任务在机器 M_{i_l} 上加工，这里 M_{i_l} 满足 $x_i\in T_{i_l}\in T\setminus T^*$；

④ E 中两个处理时间为 1 的任务在 N 中的一台机器上加工。

容易验证，此可行解中 $3n$ 台机器的负载都是 2。因此，得到：

$$\mathrm{OPT}(I')\leqslant 2^2\times 3n=12n=12\mathrm{OPT}(I)\text{。}$$

这就完成了 L-归约中第一个条件的证明，其中 $\alpha=12$。令 s' 表示实例 I' 的任一可行解，下面构造实例 I 的一个可行解 $s=\tau(s')$。令 m_i（$i=0,1,2$）表示可行解 s 中加工 $B\cup C$ 中的 i 个任务的机器数。由于 M 中代表三元组中含有变量 x_i 的机器共有 a_i+1 个，并且 D 中共有 $2a_i$ 个任务必须在这 a_i+1 台机器上加工，因此，这 a_i+1 台机器中至多有一台机器加工 $B\cup C$ 中的两个任务。s' 中加工 $B\cup C$ 中的两个任务的机器所相应的 T 中的三元组构成实例 I 的一个可行解 s，并且此可行解的目标函数值 $c(s)=m_2$。

根据 m_i 的定义，可以得到下面的结果：

$$m_1 + 2m_2 = 2n \tag{4-1}$$

$$m_0 + m_1 + m_2 = m \tag{4-2}$$

由式(4-1)得

$$m_2 \leqslant n \tag{4-3}$$

由式(4-2)减去式(4-1)，得

$$m_0 = m - 2n + m_2 \leqslant m - n$$

由式(4-2)、式(4-3)得到

$$m_0 + m_1 = m - m_2 \geqslant m - n$$

即

$$m_0 \leqslant m - n \leqslant m_0 + m_1 \tag{4-4}$$

下面分析实例 I' 的可行解 s' 的目标函数值的下界。

$B \cup C$ 中的任务分配方式不变，重新分配 $D \cup E$ 中的任务。由 p-范数的凸性知，目标函数值最小的排序方式是将 D 中 m_0 个处理时间为 2 的任务分配给当前负载为 0 的 M 中的机器(由式(4-4)中 $m_0 \leqslant m-n$ 知，此法可行)；D 中 $m-n-m_0$ 个处理时间为 2 的任务分配给当前负载为 1 的 M 中的机器；D 中处理时间为 0 的任务分配给只加工一个任务的机器；两个 E 中的任务分配给一台 N 中的机器。此时，负载为 3 的机器共有 $m-n-m_0$ 台，负载为 2 的机器共有 m_0+m_2+3n-m 台(M 中有 m_0+m_2 台，N 中有 $3n-m$ 台)，负载为 1 的机器共有 $m_1-(m-n-m_0)$ 台。因此，对任意可行解 s'，其目标函数值为

$$\begin{aligned} c'(s') &\geqslant 3^2(m-n-m_0) + 2^2(m_0+m_2+3n-m) + m_0 + m_1 - m + n \\ &= -4m_0 + m_1 + 4m_2 + 4m + 4n \\ &= -4(m - m_1 - m_2) + m_1 + 4m_2 + 4m + 4n \\ &= -4(m - (2n - 2m_2) - m_2) + (2n - 2m_2) + 4m_2 + 4m + 4n \\ &= 14n - 2m_2 \end{aligned}$$

这里第二个等式是由式(4-2)得到的，第三个等式是由式(4-1)得到的。因此，

$$\begin{aligned}|c(s)-\mathrm{OPT}(I)| &= n-m_2 \\ &= \frac{1}{2}(14n-2m_2-12n) \\ &\leqslant \frac{1}{2}|c'(s')-\mathrm{OPT}(I')|\end{aligned}$$

这就证明了 L-归约的第二个条件是成立的，其中 $\beta=\frac{1}{2}$。由于限制的 Max-$3DM$-3 问题是 APX-难的(Petrank，1994)，所以目标函数为 min-l_2 的 2-半匹配问题也是 APX-难的，即不存在多项式时间近似方案。证毕。

下面给出目标函数为 min-l_p 的 2-半匹配问题的一个多项式时间算法。

算法 4.3

第 1 步：构造一个完全二部图 $G=(U\cup V,E,w)$，$|U|=|V|=2m$，对 $i=1,2,\cdots,m$，U 中的顶点 u_i 和 $u_{i'}$ 代表机器 M_i；对 $j=1,2,\cdots,2m$，V 中的顶点 v_j 代表任务 J_j，边 $(u_i,v_j)\in E$ 的权重 $w(u_i,v_j)$ 和 $(u_{i'},v_j)\in E$ 的权重 $w(u_{i'},v_j)$ 均为 p_{ij}^p；

第 2 步：求出二部图 G 的最小权重的完美匹配 $\mathrm{PM}\subseteq E$；

第 3 步：若边 $(u_i,v_j)\in\mathrm{PM}$ 或 $(u_{i'},v_j)\in\mathrm{PM}$，则将任务 J_j 分配给机器 M_i。

定理 4.6 算法 A_3 的近似比为 $2^{1-1/p}$，时间复杂性为 $O(m^3)$，这里 m 为机器数。

证明：对任一给定的实例 I_{sm}，执行算法 A_3，令 J_{j_1} 和 J_{j_2} 表示算法 A_3 的输出解中分配给机器 M_i 的任务，$J_{j_1^*}$ 和 $J_{j_2^*}$ 表示最优解中分配给机器 M_i 的任务。令 OUT 表示输出解的目标函数值，有

$$\begin{aligned}\mathrm{OUT}^p &= \sum_{i=1}^{m}(p_{ij_1}+p_{ij_2})^p \\ &\leqslant 2^{p-1}\sum_{i=1}^{m}\left(p_{ij_1}^p+p_{ij_2}^p\right)\end{aligned}$$

$$
\begin{aligned}
&\leqslant 2^{p-1}\sum_{i=1}^{m}\left(p_{ij_1^*}^{p}+p_{ij_2^*}^{p}\right)\\
&\leqslant 2^{p-1}\sum_{i=1}^{m}\left(p_{ij_1^*}+p_{ij_2^*}\right)^{p}\\
&\leqslant 2^{p-1}\,\mathrm{OPT}^{p}
\end{aligned}
$$

这里第一个不等式是由不等式$\left(\frac{x+y}{2}\right)^p \leqslant \frac{1}{2}(x^p+y^p)$（因$f(t)=t^p$是凸函数）得到的，第二个不等式是根据算法 4.3 选择了最小权重的完美匹配得到的，最后一个不等式是根据$p_{ij_1^*}, p_{ij_2^*} \geqslant 0$得到的。因此，$\mathrm{OUT} \leqslant 2^{1-1/p}\,\mathrm{OPT}$。算法 4.3 的第 1 步和第 3 步均可在$O(m)$时间内完成，第 2 步的运行时间为求二部图最小权重完美匹配所需用的时间$O(m^3)$（Ahuja et al., 1993）。因此，定理成立。证毕。

第 5 章　带划分拟阵约束的负载均衡问题

5.1　引　　言

划分拟阵约束下的划分问题(吴彪，2007)，又称为均匀的 k 划分问题(Dell’Olmo et al.，2005)、数值 k 维匹配(Gare and Johnson，1979)，其定义如下：给定 k 个互不相交的集合 $R_1, R_2, \cdots, R_k$，其中 $R_j = \{r_{1j}, r_{2j}, \cdots, r_{mj}\}$ $(j=1,2,\cdots,k)$。记 $E = R_1 \cup R_2 \cup \cdots \cup R_k$。对任意子集 $S \subseteq E$，令 $w(S) = \sum_{r_{ij} \in S} r_{ij}$ 表示集合 S 的负载。定义有限集 E 的一个划分拟阵 $M = (E, P)$：

$$P = \{I \subseteq E : |I \cap R_i| \leqslant 1, i = 1,2,\cdots,k\}$$

求 E 的一个划分 $(S_1, S_2, \cdots, S_m)$，使得 $S_i (i=1,2,\cdots,m)$ 是关于拟阵 M 的独立集，即 $|S_i \cap R_j| \leqslant 1$ $(j=1,2,\cdots,k)$，且各集合的负载尽可能地平衡。

当目标函数为 min-max 时，记为 min-max PMC 划分问题。Wu 和 Yao(2007)证明了分层 LPT 算法的近似比为 $2-1/m$；Wu 和 Yao(2008)证明了当 $k \geqslant 4$ 时，修正的 LPT 算法的近似比为 5/2，当 $k=3$ 时，修正的 LPT 算法的近似比为 3/2。本章中设计出了 k 为固定常数时的一个有效多项式时间近似方案和 m 为固定常数时的一个全多项式时间近似方案。

当目标函数为 max-min 时，记为 max-min PMC 划分问题。Wu 和 Yao(2007)证明了分层 LPT 算法近似比为 $1/m$，并且当 $k=3$ 时，分层 LPT 算法近似比为 $(m-1)/(2m-3)$。本章中设计出了一般情形下的一个 $1/(k-1)$-近似算法，并设计出了 k 为固定常数时的一个有效多项式时间近似方案和 m 为固定常数时的全多项式时间近似方案。

当目标函数为 min-l_p 时，目前没有研究成果发表。本章中设计出了一个全范数 2-近似算法，并设计出了 m 为固定常数情形下的一个全多项式时间近似方案。

5.2　目标函数为 min-max

5.2.1　k 为固定常数时的有效多项式时间近似方案

根据 Gare 和 Johnson（1979）的研究可知，当 $k \geqslant 3$ 时，min-max 划分问题是强 NP-难的。本节中首先考虑 k 为固定常数的情形。参考 Wu 和 Yao（2007）的研究中的分层 LPT 算法，得到一个目标函数值为 L 的可行解。由 Wu 和 Yao（2007）的证明知，$L/2 \leqslant \mathrm{OPT} \leqslant L$。不失一般性，将 E 中的所有元素都除以 L，使得

$$1/2 \leqslant \mathrm{OPT} \leqslant 1$$

对任意给定的常数 ε（不失一般性，假定 $1/\varepsilon$ 为整数），构造一个实例 $\hat{I}$，其中

$$\hat{r}_{ij} = \left\lceil \frac{r_{ij}}{\varepsilon/2k} \right\rceil \frac{\varepsilon}{2k}; i = 1,2,\cdots,m, j = 1,2,\cdots,k;$$

$$\hat{R}_j = \{\hat{r}_{1j}, \hat{r}_{2j} \cdots, \hat{r}_{mj}\}; j = 1,2,\cdots,k;$$

$$\hat{E} = \hat{R}_1 \cup \hat{R}_2 \cup \cdots \cup \hat{R}_k$$

引理 5.1　实例 $\hat{I}$ 的最优值为 $\hat{\mathrm{OPT}} \leqslant \mathrm{OPT} + \varepsilon/2 \leqslant 1 + \varepsilon/2$。

证明：令 $(S_1^* S_2^*, \cdots, S_m^*)$ 表示实例 I 的最优解。考虑实例 $\hat{I}$ 的可行解 $(\hat{S}_1, \hat{S}_2, \cdots, \hat{S}_m)$，这里 $\hat{S}_i = \{\hat{r}_{ij} \mid r_{ij} \in S_i^*\}$。易知：

$$\begin{aligned} w(\hat{S}_i) &= \sum_{\hat{r}_{ij} \in \hat{S}_i} \hat{r}_{ij} = \sum_{\hat{r}_{ij} \in \hat{S}_i} \left\lceil \frac{r_{ij}}{\varepsilon/2k} \right\rceil \frac{\varepsilon}{2k} \\ &\leqslant \sum_{r_{ij} \in S_i^*} r_{ij} + \varepsilon/2 \leqslant OPT + \varepsilon/2 \\ &\leqslant 1 + \varepsilon/2 \end{aligned}$$

这里第一个不等式是由 $\hat{r}_{ij}$ 的定义及 $|S_i^*|=|\hat{S}_i|=k$ 得到的，最后一个不等式是由 $\mathrm{OPT}\leqslant 1$ 得到的。证毕。

定理 5.1　实例 $\hat{I}$ 的最优解可以在 $O(m)$ 的时间内求出。

证明： 实例 $\hat{I}$ 中的元素均为 $\varepsilon/2k$ 的整数倍且不超过 1。令 $n_i^j(i=0,1,\cdots,2k/\varepsilon;j=1,2,\cdots,k)$ 表示 $\hat{R}_j$ 中大小为 $i\varepsilon/(2k)$ 的元素的个数。如果 $C\subseteq\hat{E}$ 满足：

(1) $w(C)=\sum\limits_{\hat{r}_{ij}\in C}\hat{r}_{ij}\leqslant 1+\varepsilon/2$;

(2) $|C\cap\hat{R}_j|=1,j=1,2,\cdots,k$

则称 C 为一个可行的结构。

令 $\mathbb{C}$ 表示所有可行的结构的集合。由实例 $\hat{I}$ 中的元素均为 $i\varepsilon/(2k)$ 的整数倍且不超过 1 知，$|\mathbb{C}|\leqslant(2k/\varepsilon)^k=O(1)$（因为 k，$1/\varepsilon$ 是固定常数）。

对 $C\in\mathbb{C}$，令 $n(i,j,C)$ 表示 $C\cap\hat{R}_j$ 中大小为 $i\varepsilon/(2k)$ 的元素的个数，显然 $n(i,j,C)=0$ 或 1。对实例 $\hat{I}$ 的任一可行解 $(\hat{S}_1,\hat{S}_2,\cdots,\hat{S}_m)$，变量 $x_C=|\{\hat{S}_i\,|\,\hat{S}_i=C,i=1,2,\cdots,m\}|$ 表示可行解中子集等于结构 $C\in\mathbb{C}$ 的个数。构造整数线性规划 ILP。

$$\begin{gathered}
\min\ \ z;\\
\sum_{C\in\mathbb{C}}x_C=m;\\
\sum_{C\in\mathbb{C}}n(i,j,C)x_C=n_i^j,i=0,1,\cdots,2k/\varepsilon,j=1,2,\cdots,k;\\
w(C)y_C\leqslant z,\forall C\in\mathbb{C};\\
y_C\leqslant x_C\leqslant my_C,\forall C\in\mathbb{C};\\
x_C\in\{0,1,\cdots,m\};\\
y_C\in\{0,1\}
\end{gathered}$$

第一个约束条件保证了 $\hat{E}$ 中的元素被划分成 m 个子集，第二个约束条件保证了每个元素都在某个子集中。易知，ILP 的最优解等价于实例 $\hat{I}$ 的最优解。由于 ILP 的约束条件个数和变量个数都是常数，参考 Lenstra(1983)的研究中的Lenstra算法可在$O(m)$时间内求得ILP的最优解，从而得到实例$\hat{I}$的最优解。证毕。

定理 5.2　实例I的$1+\varepsilon$近似解可以在$O(m\log m)$的时间内求出，即当k为固定常数时，min-max PMC划分问题存在有效的多项式时间近似方案。

证明：对任意给定实例I，构造相应的实例$\hat{I}$，利用 Lenstra 算法求出实例$\hat{I}$的最优解，相应地构造出实例I的一个可行解。令$(\hat{S}_1,\hat{S}_2,\cdots,\hat{S}_m)$表示实例$\hat{I}$的最优解。考虑实例$I$的可行解$(S_1,S_2,\cdots,S_m)$，这里$S_i=\{r_{ij}\mid \hat{r}_{ij}\in\hat{S}_i\}$。易知：

$$\begin{aligned}w(S_i)&=\sum_{r_{ij}\in S_i}S_i\leqslant\sum_{\hat{r}_{ij}\in\hat{S}_i}\hat{r}_{ij}\\&\leqslant \hat{\mathrm{OPT}}\leqslant \mathrm{OPT}+\varepsilon/2\\&\leqslant(1+\varepsilon)\mathrm{OPT}\end{aligned}$$

这里最后一个不等式是由OPT的定义及$1/2\leqslant\mathrm{OPT}$得到的。因为L的值可在$O(m\log m)$时间内完成且其余步骤均可在$O(m)$时间内完成，所以实例I的$1+\varepsilon$近似解可以在$O(m\log m)$的时间内求出。证毕。

5.2.2　m为固定常数时的全多项式时间近似方案

下面分析m为固定常数的情形。当$m=2$时，min-max 划分问题为奇偶划分问题(Gare and Johnson，1979)。由于奇偶划分问题是NP−难的，min-max划分问题在$m\geqslant 2$且为固定常数的情形下也是 NP−难的。令$T=\sum_{i=1}^{m}\sum_{j=1}^{k}r_{ij}$表示$E$中所有元素之和。易知，$\mathrm{OPT}\geqslant\dfrac{T}{m}$。

算法 5.1

第 1 步： 构造一个实例$\hat{I}$，其中

$$\hat{E} = \hat{R}_1 \cup \hat{R}_2 \cup \cdots \cup \hat{R}_k;$$
$$\hat{R}_j = \{\hat{r}_{1j}, \hat{r}_{2j}, \cdots, \hat{r}_{mj}\}; j = 1,2,\cdots,k;$$
$$\hat{r}_{ij} = \left\lfloor \frac{r_{ij}}{\varepsilon T / km} \right\rfloor \frac{\varepsilon T}{km}; i = 1,2,\ldots,m$$

第 2 步：令 ψ_j 表示前 j 个集合的划分中 m 个子集所有可能的负载向量，显然 $\psi_0 = \{(0,0,\cdots,0)\}$。令 ϕ_j 表示集合 $\hat{R}_j$ 中的元素所有可能排列向量的集合，如 $\hat{R}_2 = \{2,3,1\}$，则 $\phi_2 = \{(1,2,3),(1,3,2),(2,1,3),(3,1,2),(3,2,1)\}$，对 $j = 1,2,\cdots,k$，计算 $\psi_j = \psi_{j-1} + \phi_j$。

第 3 步：找到 ψ_k 中负载最大、坐标最小的向量，并找到相应的最优解 $(\hat{S}_1, \hat{S}_2, \cdots, \hat{S}_m)$。

第 4 步：输出实例 I 的可行解 $(S_1, S_2, \cdots, S_m)$，这里 $S_i = \{r_{ij} \mid \hat{r}_{ij} \in \hat{S}_i\}$。

定理 5.3　当 m 为固定常数时，算法 5.1 是 min-max PMC 划分问题的 $1+\varepsilon$-近似算法，并且运行时间是关于输入长度和 $1/\varepsilon$ 的多项式函数，即 min-max PMC 划分问题存在全多项式时间近似方案。

证明：由 $\hat{r}_{ij}$ 的定义知，实例 $\hat{I}$ 的最优解 $(\hat{S}_1, \hat{S}_2, \cdots, \hat{S}_m)$ 的目标函数值 $\hat{\mathrm{OPT}} \leqslant \mathrm{OPT}$。因此，

$$\begin{aligned} w(S_i) &= \sum_{\hat{r}_{ij} \in S_i} r_{ij} \leqslant \sum_{\hat{r}_{ij} \in \hat{S}_i} \left(\hat{r}_{ij} + \frac{\varepsilon T}{km}\right) \\ &\leqslant \hat{\mathrm{OPT}} + k \cdot \frac{\varepsilon T}{km} \leqslant \mathrm{OPT} + \frac{\varepsilon T}{km} \\ &\leqslant (1+\varepsilon)\mathrm{OPT} \end{aligned}$$

这里最后一个不等式是由 $\mathrm{OPT} \geqslant T/m$ 得到的。

下面分析算法 5.1 的运行时间。第 1 步的运行时间为 $O(km)$。因为 $\hat{E}$ 的任一元素均为 $\frac{\varepsilon T}{km}$ 的整数倍，所以 $\psi_j = O\left(\left(\frac{km}{\varepsilon} + 1\right)^m\right)$。第 2 步的运行时间为 $O\left(k\left(\frac{km}{\varepsilon} + 1\right)^m \cdot m!\right)$。第 3 步的运行时间为 $O\left(\left(\frac{km}{\varepsilon} + 1\right)^m\right)$。第 4 步的运

行时间为$O(km)$。所以算法 5.1 的运行时间为$\left[\left(\frac{km}{\varepsilon}+1\right)^m \cdot m!+km\right]$，即为关于输入长度和$\frac{1}{\varepsilon}$的多项式函数。证毕。

5.3　目标函数为 max-min

5.3.1　一般情形时的$\frac{1}{k-1}$-近似算法

当$k=2$时，易知 max-min 问题是多项式可解的。因此，只需考虑$k \geqslant 3$的情形。首先，设计出一个 max-min 问题的$\frac{1}{k-1}$-近似算法：找到$E^{(m)}=E$中的最大元素$r_{ij}^{(m)}$，将$r_{ij}^{(m)}$和$R_{j'}^{(m)}(j' \neq j)$中的最小元素放入集合S_m，剩余的元素记为$E^{(m-1)}=\bigcup_{j=1}^{k} R_j^{(m-1)}$；依次类推，直至无剩余元素。

定理 5.4　上述算法的近似比为$\frac{1}{k-1}$并且是紧的。

证明：首先证明对任意的$\tau>1$，有$\mathrm{OPT}(E^{(\tau-1)}) \geqslant \mathrm{OPT}(E^{(\tau)})$，这里$\mathrm{OPT}(E^{(\tau)})$表示实例$E^{(\tau)}$的最优值。考虑$E^{(\tau)}$的最优划分$(S_1^*,S_2^*,\cdots,S_\tau^*)$。不失一般性，假定$r_{ij}^{(\tau)} \in S_\tau^*$。通过调整使得$S_\tau^*$包含$R_{j'}^{(m)}(j' \neq j)$中的最小元素，而其他集合的负载不会降低，从而新得到的划分中的前$\tau-1$个子集构成实例$E^{(\tau-1)}$的一个可行解，于是$\mathrm{OPT}(E^{(\tau-1)}) \geqslant \mathrm{OPT}(E^{(\tau)})$成立。

接下来证明$w(S_\tau) \geqslant \frac{\mathrm{OPT}(E^{(\tau)})}{k-1}$成立。易知，对任意的$j'$，有

$$\min R_{j'}^{(\tau)} + \sum_{\bar{j}=1,\bar{j} \neq j'} \max R_{\bar{j}}^{(\tau)} \geqslant \mathrm{OPT}(E^{(\tau)})$$

同时，由$r_{ij}^{(\tau)} \geqslant \max R_{\bar{j}}^{(\tau)}$知

$$\begin{aligned} w(S_\tau) &\geqslant \min R_{j'}^{(\tau)} + r_{ij}^{(\tau)} \\ &\geqslant \min R_{j'}^{(\tau)} + \frac{\sum_{\bar{j}=1,\bar{j} \neq j'}^{k} \max R_{\bar{j}}^{(\tau)}}{k-1} \end{aligned}$$

$$\geqslant \frac{\min R_{j'}^{(\tau)} + \sum_{\overline{j}=1,\overline{j}\neq j'}^{k} \max R_{\overline{j}}^{(\tau)}}{k-1}$$

$$\geqslant \frac{\mathrm{OPT}(E^{(\tau)})}{k-1}$$

综上所述，对任意 $\tau = 1,2,\cdots,m$ ，有

$$w(S_\tau) \geqslant \frac{\mathrm{OPT}(E^{(\tau)})}{k-1} \geqslant \frac{\mathrm{OPT}(E^{(\tau+1)})}{k-1} \geqslant \cdots \geqslant \frac{\mathrm{OPT}(E^{(m)})}{k-1} = \frac{\mathrm{OPT}}{k-1}$$

考虑实例 I ，其中 $m = k$ ， $R_j = \{1,1,\cdots,1,0\}(j = 1,2,\cdots,k)$ ，即 R_j 中包含 $k-1$ 个 1 和 1 个 0。易知，上述算法的输出解中 $w(S_m) = 1$ ，即 $\mathrm{OUT} = 1$ ，而最优解为 $k-1$ 。因此，近似比是紧的。证毕。

5.3.2　k 为固定常数时的有效多项式时间近似方案

调用上节中的 $\frac{1}{k-1}$ 近似算法，得到一个目标函数值为 L 的可行解。易知， $L \leqslant \mathrm{OPT} \leqslant (k-1)L \leqslant kL$ 。

引理 5.2　若 E 中的元素 r_{ij} 满足 $r_{ij} \geqslant kL \geqslant \mathrm{OPT}$ ，则存在一个最优解 $(S_1^*, S_2^*, \cdots, S_m^*)$ 满足：存在一个 i ，使得 $S_i^* = \{r_{ij}\} \bigcup_{j' \neq j} \{R_{j'}^{\min}\}$ ，这里 $R_{j'}^{\min}$ 表示集合 $R_{j'}$ 中的最小元素。

证明：如果最优解 $(S_1^*, S_2^*, \cdots, S_m^*)$ 中不存在 i 使得 $S_i^* = \{r_{ij}\} \bigcup_{j' \neq j} \{R_{j'}^{\min}\}$ ，不失一般性，可假定 $r_{ij} \in S_i^*$ 。由于 $\left|S_i \cap R_j\right| = 1$ ， $j = 1,2,\cdots,k$ ，将元素 $S_i \cap R_{j'}$ 与 $R_{j'}^{\min}$ 互换，可以得到一个新的最优解，其目标函数值不变，并且 $S_i^* = \{r_{ij}\} \bigcup_{j' \neq j} \{R_{j'}^{\min}\}$ 。

借助于引理 5.2，若 E 中的最大元素 r_{ij} 超过 kL ，可将 r_{ij} 与 $R_{j'}(j' \neq j)$ 中的最小元素删除，从而可以处理一个最优值不变但是规模更小的实例。于是，不失一般性，假定 E 中的所有元素都不超过 kL 。

引理 5.3　实例 I 的任意可行解 $(S_1, S_2, \cdots, S_m)$ 都满足 $\max_i w(S_i) \leqslant k^2 L$ 。

证明：由$\left|S_i\right|=k$及$r_{ij}\leqslant kL$可直接得到此引理。证毕。

下面考虑k为固定常数的情形。对任意给定的常数ε（不失一般性，假定$1/\varepsilon$为整数），构造一个实例$\hat{I}$，其中，

$$\hat{E}=\hat{R}_1\cup\hat{R}_2\cup\cdots\cup\hat{R}_k;$$

$$\hat{R}_j=\{\hat{r}_{1j},\hat{r}_{2j},\cdots,\hat{r}_{mj}\};j=1,2,\cdots,k;$$

$$\hat{r}_{ij}=\left\lfloor\frac{r_{ij}}{\varepsilon L/k}\right\rfloor\frac{\varepsilon L}{k};i=1,2,\cdots,m$$

引理 5.4　实例$\hat{I}$的最优值为$\hat{\text{OPT}}\geqslant\text{OPT}-\varepsilon L$。

证明：令$(S_1^*,S_2^*,\cdots,S_m^*)$表示实例$I$的最优解。考虑实例$\hat{I}$的最优解$(\hat{S}_1,\hat{S}_2,\cdots,\hat{S}_m)$，同时考虑实例的可行解，这里$\hat{S}_i=\{\hat{r}_{ij}\mid r_{ij}\in S_i^*\}$。易知：

$$w(\hat{S}_i)=\sum_{\hat{r}_{ij}\in\hat{S}_i}\hat{r}_{ij}=\sum_{\hat{r}_{ij}\in\hat{S}_i}\left\lfloor\frac{r_{ij}}{\varepsilon L/k}\right\rfloor\frac{\varepsilon L}{k}$$

$$\geqslant\sum_{r_{ij}\in S_i^*}r_{ij}-k\cdot\frac{\varepsilon L}{k}\geqslant\text{OPT}-\varepsilon L$$

这里最后一个不等式是由OPT的定义得到的。证毕。

定理 5.5　实例$\hat{I}$的最优解可以在$O(m)$的时间内求出。

证明：注意到集合$\hat{E}$中的所有元素大小都不超过kL且均为$\frac{\varepsilon L}{k}$的整数倍。令$n_i^j\left(i=0,1,\cdots,\frac{k^2}{\varepsilon};j=1,2,\cdots,k\right)$表示$\hat{R}_j$中大小为$\frac{i\varepsilon L}{k}$的元素的个数。若$C\subseteq\hat{E}$满足：

(1) $w(C)=\sum_{\hat{r}_{ij}\in C}\hat{r}_{ij}\leqslant k^2L$;

(2) $\left|C\cap\hat{R}_j\right|=1,j=1,2,\cdots,k$

则称C为一个可行的结构。

令$\mathbb{C}$表示所有可行的结构的集合。易知，$|\mathbb{C}|\leqslant\left(\frac{k^2}{\varepsilon}+1\right)^k=O(1)$（因为$\frac{1}{\varepsilon}$和$k$都是固定常数）。对$C\in\mathbb{C}$，令$n(i,j,C)$表示$C\cap\hat{R}_j$中包含大小为$\frac{i\varepsilon L}{k}$的

元素的个数，显然 $n(i,j,C)=0$ 或 1。对实例 $\hat{I}$ 的任一可行解 $(\hat{S}_1,\hat{S}_2,\cdots,\hat{S}_m)$，变量 $x_C=\left|\{\hat{S}_i \mid \hat{S}_i=C,i=1,2,\cdots,m\}\right|$ 表示可行解中子集等于结构 $C\in\mathbb{C}$ 的个数。

由于实例 $\hat{I}$ 中的元素大小均为 $\dfrac{\varepsilon L}{k}$ 的整数倍且实例 $\hat{I}$ 的最优值至多为 k^2L（由引理 5.3 知），实例 $\hat{I}$ 的最优解必属于 $\left\{\dfrac{\varepsilon L}{k},2\cdot\dfrac{\varepsilon L}{k},\cdots,\dfrac{k^2}{\varepsilon}\cdot\dfrac{\varepsilon L}{k}\right\}$。对每一个 $\lambda\in\left\{1,2,\cdots,\dfrac{k^3}{\varepsilon}\right\}$，构造相应的整数线性规划 ILP，其目标函数任意，约束条件如下：

$$\sum_{C\in\mathbb{C}} x_C=m; \tag{5-1}$$

$$\sum_{C\in\mathbb{C}} n(i,j,C)x_C=n_i^j,i=0,1,\cdots,\frac{k^3}{\varepsilon},j=1,2,\cdots,k; \tag{5-2}$$

$$\begin{cases} x_C=0, w(C)<\lambda\cdot\dfrac{\varepsilon L}{k} \\ x_C\in Z^+\cup\{0\} \end{cases} \tag{5-3}$$

第一个约束条件[式(5-1)]保证了 $\hat{E}$ 中的元素被划分成 m 个子集，第二个约束条件[式(5-2)]保证了每个元素都在某个子集中，第三个约束条件[式(5-3)]保证了可行解中每个子集的大小都至少为 $\lambda\cdot\dfrac{\varepsilon L}{k}$。由于 ILP_λ 是常数维的，参考 Lenstra(1983) 的 Lenstra 算法可在多项式时间内判断 ILP_λ 是否存在可行解。调用至多 $\dfrac{k^3}{\varepsilon}$ 次 Lenstra 算法，可以得到实例 $\hat{I}$ 的最优值 $\mathrm{O\hat{P}T}=\max\left\{\lambda\cdot\dfrac{\varepsilon L}{k}\mid \mathrm{ILP}_\lambda\text{ 有可行解}\right\}$。证毕。

定理 5.6　实例 I 的 $1-\varepsilon$ 近似解可以在 $O(m\log m)$ 的时间内求出，即当 k 为固定常数时，min-max PMC 划分问题存在有效的多项式时间近似方案。

证明：对于任意给定实例 I，构造相应实例 $\hat{I}$，利用 Lenstra 算法求出实例 $\hat{I}$ 的最优解，相应地构造实例 I 的一个可行解。令 $(\hat{S}_1,\hat{S}_2,\cdots,\hat{S}_m)$ 表示实例的最优解。考虑实例 $\hat{I}$ 的可行解 $(S_1,S_2,\cdots,S_m)$，这里 $S_i=\{r_{ij}\mid \hat{r}_{ij}\in\hat{S}_m\}$。易知：

$$w(S_i) = \sum_{r_{ij} \in S_i} r_{ij} \geqslant \sum_{\hat{r}_{ij} \in \hat{S}_i} \hat{r}_{ij}$$

$$\geqslant \hat{\text{OPT}} \geqslant \text{OPT} - \varepsilon L$$

$$\geqslant (1-\varepsilon)\text{OPT}$$

这里第二个不等式是由 $\hat{\text{OPT}}$ 的定义得到的，第三个不等式是由引理 5.4 得到的，最后一个不等式是由 OPT 的定义及 $L \leqslant \text{OPT}$ 得到的。因为 L 的值可在 $O(m\log m)$ 时间内完成且其余步骤均可在 $O(m)$ 时间内完成，所有实例 I 的 $1-\varepsilon$ 近似解可以在 $O(m\log m)$ 的时间内求出。证毕。

5.3.3　m 为固定常数时的全多项式时间近似方案

本小节考虑 m 为固定常数的情形。调用之前的 $\dfrac{1}{k-1}$-近似算法，可以求得 L，使得 $L \leqslant \text{OPT} \leqslant kL$。同 5.2.2 小节类似，设计出 max-min PMC 划分问题的一个全多项式时间近似方案，这里 ϕ_j、ψ_j 的定义与算法 5.1 中的定义完全相同。

算法 5.2

第 1 步： 构造一个实例 $\hat{I}$，其中

$$\hat{E} = \hat{R}_1 \cup \hat{R}_2 \cup \cdots \cup \hat{R}_k;$$

$$\hat{R}_j = \{\hat{r}_{1j}, \hat{r}_{2j}, \cdots, \hat{r}_{mj}\}, j = 1,2,\cdots,k;$$

$$\hat{r}_{ij} = \sum_{\hat{r}_{ij} \in \hat{S}_i} \left\lfloor \frac{r_{ij}}{\varepsilon L / k} \right\rfloor \frac{\varepsilon L}{k}, i = 1,2,\cdots,m$$

第 2 步： 置 $\psi_0 = \{(0,0,\cdots,0)\}$。对 $j = 1,2,\cdots,k$，计算

$$\psi_j = \psi_{j-1} + \phi_j$$

第 3 步： 找到 ψ_k 中目标函数值最大的向量，并找到最优解 $(S_1', S_2', \cdots, S_m')$。

第 4 步： 输出实例 I 的可行解 $(S_1, S_2, \cdots, S_m)$，这里 $S_i = \{r_{ij} \mid \hat{r}_{ij} \in \hat{S}_i\}$。

定理 5.7　当 m 为固定常数时，算法 5.2 是实例 I 的近似算法，并且运

行时间是关于输入长度和 $\frac{1}{\varepsilon}$ 的多项式函数，即当 m 为固定常数时，max-min PMC 问题存在全多项式时间近似方案。

证明：由 $\hat{r}_{ij}$ 的定义知，实例 $\hat{I}$ 的最优解 $(\hat{S}_1,\hat{S}_2,\cdots,\hat{S}_m)$ 的目标函数值 $\mathrm{O\hat{P}T}\geqslant \mathrm{OPT}$。因此，

$$w(S_i)=\sum_{r_{ij}\in S_i} r_{ij}\geqslant \sum_{\hat{r}_{ij}\in\hat{S}_i}\left(\hat{r}_{ij}-\frac{\varepsilon L}{k}\right)$$
$$\geqslant \mathrm{O\hat{P}T}-k\cdot\frac{\varepsilon L}{k}\geqslant \mathrm{OPT}-\varepsilon L$$
$$\geqslant(1-\varepsilon)\mathrm{OPT}$$

这里最后一个不等式是由 $L\leqslant \mathrm{OPT}$ 得到的。

同算法5.1类似，可以证明算法5.2的运行时间为 $O\left(k\left(\frac{km}{\varepsilon}+1\right)^m\cdot m!+km\right)$，即为关于输入长度和 $\frac{1}{\varepsilon}$ 的多项式函数。证毕。

5.4　目标函数为 min-l_p

5.4.1　一般情形时的全范数 2-近似算法

本节中，令

$$L=\frac{\sum_{i=1}^{m}\sum_{j=1}^{k} r_{ij}}{m}$$

表示 m 个集合的平均负载。由 $f(t)=t^p$ 的凸性知：

$$\mathrm{OPT}\geqslant m^{\frac{1}{p}}L \tag{5-4}$$

算法 5.3　分层 LPT 算法（Wu and Yao，2007）

第 1 步：将 $R_j(j=1,2,\cdots,k)$ 中的元素按不升的顺序重新标记，不妨设 $r_{1j}\geqslant\cdots\geqslant r_{mj}$；

第 2 步：置 $S_i=\{r_{i1}\},i=1,2,\cdots,m;$

第 3 步：对 $j=2,3,\cdots,k$，将 R_j 中的元素 $r_{ij}(i=1,2,\cdots,m)$ 分配给当前负载第 i 小的集合；

第 4 步：输出可行解 $(S_1,S_2,\cdots,S_m)$。

引理 5.5 （Wu and Yao，2007）在可行解 $(S_1,S_2,\cdots,S_m)$ 中，如果 $w(S_{i1})\geqslant w(S_{i2})$，则 $w(S_{i1})\geqslant w(S_{i2})+\max S_{i1}$。

定理 5.8 算法 5.3 是目标函数为 min-l_p 的 PMC 问题的全范数 2−近似算法，即对所有的 $p>1$ 都成立的 2−近似算法。

证明：首先证明存在 τ 满足 $w(S_\tau)\leqslant L$。否则，由 $w(S_\tau)>L\ (i=1,2,\cdots,m)$ 知

$$w(E)=\sum_{i=1}^{m}w(S_i)>mL=w(E)$$

矛盾。由引理 5.5 知：

$$w(S_i)\leqslant w(S_\tau)+\max S_i\leqslant L+\max S_i \tag{5-5}$$

因此，对任意的 $p\geqslant 1$，令 $(l_1,\cdots,l_m)$ 对应于可行解 $(S_1,S_2,\cdots,S_m)$ 的负载向量，则有

$$\begin{aligned}\|(l_1,\cdots,l_m)\|_p &=\|(l_1-\max S_1,\cdots,l_m-\max S_m)+(\max S_m,\cdots,\max S_m)\|_p\\ &\leqslant\|(l_1-\max S_1,\cdots,l_m-\max S_m)+(\max S_1,\cdots,\max S_m)\|_p\\ &\leqslant\|(L,\cdots,L)\|_p+\mathrm{OPT}\\ &\leqslant 2\mathrm{OPT}\end{aligned}$$

这里第一个不等式是由三角不等式得到的，第二个不等式是由 $\|(\max S_1,\cdots,\max S_m)\|_p$ OPT 的明显下界及不等式(5-5)得到的，最后一个不等式是由不等式(5-4)得到的。证毕。

5.4.2 m 为固定常数时的全多项式时间近似方案

本小节考虑 m 为固定常数的情形。同 5.3.3 小节类似，设计出目标函数为 min-l_p 的 PMC 划分问题的一个全多项式时间近似方案，这里 ψ_j、ϕ_j 的定义与算法 5.1 中的定义完全相同。

算法 5.4

第 1 步：构造一个实例 $\hat{I}$，其中

$$\hat{E}=\hat{R}_1\cup\hat{R}_2\cup\cdots\cup\hat{R}_k;$$

$$\hat{R}_j=\{\hat{r}_{1j},\hat{r}_{2j},\cdots,\hat{r}_{mj}\},\ j=1,2,\cdots,k;$$

$$\hat{r}_{ij}=\left\lfloor\frac{r_{ij}}{\varepsilon L/k}\right\rfloor\frac{\varepsilon L}{k},i=1,2,\cdots,m$$

第 2 步：置 $\psi_0=\{(0,0,\cdots,0)\}$。对 $j=1,2,\cdots,k$，计算

$$\psi_j=\psi_{j-1}+\phi_j$$

第 3 步：找到 ψ_k 中的 l_p 范数最小的向量，并找到最优解 $(\hat{S}_1,\hat{S}_2,\cdots,\hat{S}_m)$；

第 4 步：输出实例 I 的可行解 $(S_1,S_2,\cdots,S_m)$，这里 $S_i=\{r_{ij}\mid\hat{r}_{ij}\in\hat{S}_i\}$。

定理 5.9　当 m 为固定常数时，算法 5.3 是实例 I 的近似算法，并且运行时间是关于输入长度和 $\dfrac{1}{\varepsilon}$ 的多项式函数。

证明：由 $\hat{r}_{ij}$ 的定义知，实例 $\hat{I}$ 的最优解 $(\hat{S}_1,\hat{S}_2,\cdots,\hat{S}_m)$ 的目标函数值为 $\mathrm{OPT}\leqslant\hat{\mathrm{OPT}}$，并且

$$w(S_i)=\sum_{r_{ij}\in S_i}r_{ij}\leqslant\sum_{\hat{r}_{ij}\in\hat{S}_i}\left(\hat{r}_{ij}+\frac{\varepsilon L}{k}\right)=w(\hat{S}_i)+\varepsilon L$$

因此，可行解 $(S_1,S_2,\cdots,S_m)$ 的负载向量 $(l_1,\cdots,l_m)$ 的范数 l_p 满足

$$\begin{aligned}\|(l_1,\cdots,l_m)\|_p&\leqslant\left\|w(\hat{S}_1)+\varepsilon L,\cdots,w(\hat{S}_m)+\varepsilon L\right\|_p\\&\leqslant\left\|w(\hat{S}_1),\cdots,w(\hat{S}_m)\right\|_p+\|(\varepsilon L,\cdots,\varepsilon L)\|_p\\&\leqslant(1+\varepsilon)\mathrm{OPT}\,\hat{I}=\hat{\mathrm{OPT}}+\varepsilon\|(L,\cdots,L)\|_p\\&\leqslant(1+\varepsilon)\mathrm{OPT}\end{aligned}$$

这里最后一个不等式是由式(5-4)得到的。

同定理5.3类似，可以证明算法5.3的运行时间为 $O\left(k\left(\dfrac{km}{\varepsilon}+1\right)^m\cdot m!+km\right)$，即为关于输入长度和 $\dfrac{1}{\varepsilon}$ 的多项式函数。证毕。

第 6 章　总结和展望

本书对三类不同目标函数下带四类不同约束的负载均衡问题进行了研究，并得到一些较好的结果，多数结果都是目前已知的最佳结果。但是从近似比和算法的时间复杂性的角度来看，本书中的研究成果有待进一步改进，特别是近年来一些相关的优化问题取得了重大突破，为得到更好的结果提供了思路。

第 2 章给出了目标函数为 min-max 的带惩罚费用约束的负载均衡问题的一个多项式时间近似方案。与此问题密切相关的问题是 $P\|C_{\max}+\sum_{J_j\in R}e_j$ (Bartal et al.，2000)，这里的目标函数为最小化机器的最大完工时间与惩罚费用之和。Kones 和 Levin (2019) 给出了负载均衡问题的有效多项式时间近似方案的一般性方法，该方法可以得到问题 $P\|C_{\max}+\sum_{J_j\in R}e_j$ 的一个有效的多项式时间近似方案，但是并不能解决带惩罚费用约束的负载均衡问题。因此，采用巧妙的策略得到目标函数为 min-max 的带惩罚费用约束的负载均衡问题的一个有效的多项式时间近似方案是一个值得研究的问题。同时，设计出目标函数为 min-l_p 的带惩罚费用约束的负载均衡问题的多项式近似方案也是值得研究的重要问题之一。

第 3 章给出了目标函数为 min-max 的带等级约束的负载均衡问题的一个多项式时间近似方案，并给出了等级数为常数时的一个有效多项式时间近似方案。但是一般情形下，此问题是否存在有效的多项式时间近似方案是研究人员关注的热点问题之一。当目标函数为 max-min 时，给出了若干近似方案，但是目前没有给出此问题时间复杂性较低的常数近似算法和一般情形下有效的多项式时间近似方案。同时，设计出目标函数为 min-l_p 的带等级约束的负载均衡问题的多项式近似方案也是值得研究的重要问题之一。

第 4 章给出了目标函数为 min-max 的带数目约束的负载均衡问题的一个 2-近似算法，该问题能否存在 1.5-近似算法是值得研究的重要问题之一。同时，设计出目标函数为 min-l_p 的带数目约束的负载均衡问题的最佳近似算法是极具挑战性的问题之一。

第 5 章给出了目标函数为 min-max 的带划分拟阵约束的负载均衡问题特殊情形下的一个有效多项式时间近似方案。与此问题密切相关的问题是带数目约束的划分问题，该问题被 Chen 等(2016)解决并给出了一个有效的多项式时间近似方案，该方案极有可能推广到带划分拟阵约束的负载均衡问题。当目标函数为 max-min，带划分拟阵约束的负载均衡问题近似比的上下界相关甚远，因此证明该问题的近似比下界并给出更好的近似算法是值得研究的问题之一。同时，设计出目标函数为 min-l_p 的带划分拟阵约束的负载均衡问题的最佳近似算法是极具挑战性的问题之一。

参 考 文 献

吴彪. 2007. 拟阵约束下的分划问题研究[D]. 杭州：浙江大学.

周萍，蒋义伟，何勇. 2007. 有两个服务等级的平行机排序问题[J]. 高校应用数学学报, 22(3): 275-284.

Ahuja R K, Magnanti T L, Orlin J B. 1993. Network Flows: Theory, Algorithms, and Applications [M]. New Jersey: Prentice Hall.

Alon N, Azar Y, Woeginger G J, et al. 1998. Approximation schemes for scheduling on parallel machines [J]. Journal of Scheduling, 1(1): 56-66.

Angel E, Bampis E, Kononov A. 2001. A FPTAS for approximating the unrelated parallel machines scheduling problem with costs [C]// Algorithms - ESA 2001, 9th Annual European Symposium, Aarhus, Denmark, August 28-31, 2001, Proceedings. Springer-Verlag: 194-205.

Asadpour A, Saberi A. 2010. An approximation algorithm for max-min fair allocation of indivisible goods [J]. SIAM Journal on Computing, 39(7): 2970-2989.

Azar Y, Epstein A. 2005. Convex programming for scheduling unrelated parallel machines [C] // Proceedings of the 37th Annual ACM Symposium on Theory of Computing, Baltimore, MD, USA, May 22-24, 2005. ACM: 331-337.

Azar Y, Epstein L, Richter Y, et al. 2004. All-norm approximation algorithms [J]. Journal of Algorithms, 52(2): 120-133.

Azar Y, Taub S. 2004. All-norm approximation for scheduling on identical machines [C]// Scandinavian Workshop on Algorithm Theory. Berlin: Springer-Verlag:298-310.

Babel L, Kellerer H, Kotov V. 1998. The k-partitioning problem [J]. Mathematical Methods of Operations Research, 47(1): 59-82.

Bansal N, Oosterwijk T, Vredeveld T, et al. 2016. Approximating vector scheduling: almost matching upper and lower bounds [J]. Algorithmica, 76 (4): 1077-1096.

Bansal N, Sviridenko M. 2006. The santa claus problem [C]// Thirty-eighth ACM Symposium on Theory of Computing. ACM: 31-40.

Bar-Noy A, Freund A, Naor J. 2001. On-line load balancing in a hierarchical server topology[J]. SIAM Journal on Computing, 31 (2): 527-549.

Bartal Y, Leonardi S, Marchetti-Spaccamela A, et al. 2000. Multiprocessor scheduling with rejection [J]. SIAM Journal on Discrete Mathematics, 13(1): 64-78.

Bez´akov´a I, Dani V. 2005. Allocating indivisible goods [J]. ACM SIGecom Exchanges, 5(3): 11-18.

Bruglieri M, Ehrgott M, Hamacher H W, et al. 2006. An annotated bibliography of combinatorial optimization problems with fixed cardinality constraints [J]. Discrete Applied Mathematics, 154(9): 1344-1357.

Chakrabarty D, Chuzhoy J, Khanna S. 2009. On allocating goods to maximize fairness [C]//2009 50th Annual IEEE

Symposium on Foundations of Computer Science. IEEE Computer Soc., Los Alamitos, CA : 107-116.

Chandra A K, Wong C K. 1975. Worst-case analysis of a placement algorithm related to storage allocation[J]. SIAM Journal on Computing, 4(3): 249-263.

Chen L, Jansen K, Luo W, et al. 2016. An efficient PTAS for parallel machine scheduling with capacity constraints[C]//International Conference on Combinatorial Optimization and Applications. Springer International Publishing: 608-623.

Chen L, Jansen K, Zhang G. 2018. On the optimality of exact and approximation algorithms for scheduling problems [J]. Journal of Computer and System Sciences, 10(2): 89-99.

Chen S, He Y, Lin G. 2002. 3-partitioning for maximizing the minimum load [J]. Journal of Combinatorial Optimization, 6(1): 67-80.

Cheng Y, Sun S. 2009. Scheduling linear deteriorating jobs with rejection on a single machine[J]. European Journal of Operational Research, 194(1): 18-27.

Csirik J, Kellerer H, Woeginger G J. 1992. The exact LPT bound for maximizing the minimum completion time[J]. Operations Research Letters, 11(5): 281-287.

Dell' Amico M, Iori M, Martello S, et al. 2006. Lower bound and heuristic algorithms for the partitioning problem [J]. European Journal of Operational Research, 171(3): 725-742.

Dell' Amico M, Iori M, Martello S. 2004. Heuristic algorithms and scatter search for the cardinality constrained problem [J]. Journal of Heuristics, 10(2): 169-204.

Dell' Amico M, Martello S. 2001. Bounds for the cardinality constrained problem [J]. Journal of Scheduling, 4(3): 123-138.

Dell' Olmo P, Hansen P, Pallottino S, et al. 2005. On uniform k-partition problems [J]. Discrete Applied Mathematics, 150(1-3): 121-139.

Downey R G, Fellows M R. 1999. Parameterized Complexity[M]. Switzerland: Springer.

Engels D W, Karger D R, Kolliopoulos S G, et al. 2003. Techniques for scheduling with rejection [J]. Journal of Algorithms, 49 (1): 175-191.

Garey M R, Johnson D S. 1979. Computer and Intractability: A Guide to The Theory of NP-Completeness [M]. San Francisco: W. H. Freeman and Company.

Graham R L, Lawler E L, Lenstra J K, et al. 1979. Optimization and approximation in deterministic sequencing and scheduling: a survey [J]. Annals of Discrete Mathematics, 5(1): 287-326.

Graham R L. 1966. Bounds for certain multiprocessing anomalies[J]. Bell System Technical Journal, 45(9): 1563-1581.

Graham R L. 1969. Bounds on multiprocessor timing anomalies [J]. SIAM Journal on Applied Mathematics, 17(2): 416-429.

Han H, Skutella M, Woeginger G J. 2003. Preemptive scheduling with rejection [J]. Mathematical Programming, 94(2-3): 361-374.

He Y, Tan Z, Zhu J, et al. 2003. k-Partitioning problems for maximizing the minimum load [J]. Computers and Mathematics with Applications, 46(10-11): 1671-1681.

Hochbaum D S, Shmoys D B. 1987. Using dual approximation algorithms for scheduling problems: theoretical and practical results[J]. Journal of the Association for Computing Machinery, 34(1): 144-162.

Hoogeveen H, Skutella M, Woeginger G J. 2003. Preemptive scheduling with rejection [J]. Mathematical Programming, 94(3): 361-374.

Horowitz E, Sahni S. 1976. Exact and approximate algorithms for scheduling nonidentical processors [J]. Journal of the ACM, 23(2): 317-327.

Huo Y, Leung J Y T. 2010. Parallel machine scheduling with nested processing set restrictions[J]. European Journal of Operational Research, 204(2): 229-236.

Hwang H C, Chang S Y, Lee K. 2004. Parallel machine scheduling under a grade of service provision [J]. Computers & Operations Research, 31(12): 2055-2061.

Jansen K, Klein K M, Verschae J. 2016. Closing the gap for makespan scheduling via sparsification techniques[C]// The 43rd International Colloquium on Automata, Languages, and Programming: 1-13.

Jansen K, Porkolab L. 2001. Improved approximation schemes for scheduling unrelated parallel machines [J]. Mathematics of Operations Research, 26 (2): 324-338.

Jansen K. 2010. An EPTAS for scheduling jobs on uniform processors: using an MILP relaxation with a constant number of integral variables [J]. SIAM Journal on Discrete Mathematics, 24: 457-485.

Ji M, Cheng T C E. 2008. An FPTAS for parallel machine scheduling under a grade of service provision to minimize makespan[J]. Information Processing Letters, 108(4): 171-174.

Jiang Y. 2008. Online scheduling on parallel machines with two GoS levels[J]. Journal of Combinatorial Optimization, 16(1): 28-38.

Kellerer H, Kotov V. 1999. A 7/6-approximation algorithm for 3-partitioning and its application to multiprocessor scheduling [J]. INFOR: Information Systems and Operational Research, 37(1): 48-56.

Kellerer H, Woeginger G. 1993. A tight bound for 3-partitioning [J]. Discrete Applied Mathematics, 45(3): 249-259.

Kellerer H, Kotov V. 2011. A 3/2-approximation algorithm for k-partitioning[J]. Operations Research Letters, 39(5): 359-362.

Kones I, Levin A. 2019. A unified framework for designing EPTAS for load balancing on parallel machines [J]. Algorithmica, 81(7): 3025-3046.

Kumar V S A, Marathe M V, Parthasarathy S, et al. 2009. A unified approach to scheduling on unrelated parallel machines [J]. Journal of the ACM, 56(5): 28.

Kurokawa D, Procaccia A D, Wang J. 2018. Fair enough: guaranteeing approximate maximin shares [J]. Journal of the ACM, 65(2): 8.

Lawler E L, Lenstra J K, Kan A H G R, et al. 1993. Sequencing and scheduling: algorithms and complexity [J]. Handbooks in Operations Research and Management Science, 4(3): 445-522.

Lenstra H W. 1983. Integer programming with a fixed number of variables[J]. Mathematics of Operations Research, 8(4): 538-548.

Lenstra J K, Shmoys D B, Tardos E. 1990. Approximation algorithms for scheduling unrelated parallel machines [J].

Mathematical Programming, 46(3): 259-271.

Leung J Y T, Li C L. 2008. Scheduling with processing set restrictions: a survey [J]. International Journal of Production Economics, 116(2): 251-262.

Leung J Y T, Li C L. 2016. Scheduling with processing set restrictions: a literature update [J]. International Journal of Production Economics, 175(2): 1-11.

Li W, Li J, Zhang X, et al. 2015. Penalty cost constrained identical parallel machine scheduling problem[J]. Theoretical Computer Science, 607(3): 181-192.

Lin J H, Vitter J S. 1992. E-approximations with minimum packing constraint violation [C]//Proceedings of the Twenty-fourth Annual ACM Symposium on Theory of Computing (STOC): 771-782.

Ou J, Leung J Y T, Li C L. 2008. Scheduling parallel machines with inclusive processing set restrictions[J]. Naval Research Logistics, 55 (4) : 328-338.

Ou J, Zhong X, Qi X. 2016. Scheduling parallel machines with inclusive processing set restrictions and job rejection [J]. Naval Research Logistics, 63 (8): 667-681.

Ou J, Zhong X. 2017. Bicriteria order acceptance and scheduling with consideration of fill rate [J]. European Journal of Operational Research, 262 (3): 904-907.

Papadimitriou C, Yannakakis M. 1991. Optimization, approximation, and complexity classes [J]. Journal of Computer and System Sciences, 43(3): 425-440.

Petrank E. 1994. The hardness of approximation: gap location [J]. Computational Complexity, 4(2): 133-157.

Shabtay D, Gaspar N, Kaspi M. 2013. A survey on offline scheduling with rejection [J]. Journal of Scheduling, 16(1): 3-28.

Shabtay D, Gaspar N, Yedidsion L. 2012. A bicriteria approach to scheduling a single machine with job rejection and positional penalties [J]. Journal of Combinatorial Optimization, 23 (4): 395-424.

Shmoys D B, Tardos É. 1993. Approximation algorithm for the generalized assignment problem [J]. Mathematical Programming, 62(1-3): 461-474.

Slotnick S A. 2011. Order acceptance and scheduling: a taxonomy and review[J]. European Journal of Operational Research, 212(1): 1-11.

Svensson O. 2012. Santa Claus schedules jobs on unrelated machines [J]. SIAM Journal on Computing, 41(5): 1318-1341.

Wang D, Yin Y, Cheng T C E. 2018. Parallel-machine rescheduling with job unavailability and rejection[J]. Omega, 81(5): 246-260.

Woeginger G J. 1997. A polynomial-time approximation scheme for maximizing the minimum machine completion time[J]. Operations Research Letters, 20 (4): 149-154.

Woeginger G J. 2000. When does a dynamic programming formulation guarantee the existence of a fully polynomial time approximation scheme (FPTAS)?[J]. INFORMS Journal on Computing, 12(1): 57-74.

Wu B, Yao E. 2007. k-Partition problems with patition matroid constraint [J]. Theoretical Computer Science, 374(1-3): 41-48.

Wu B, Yao E. 2008. Lovoer bounds and modifled LPT algorithm for k-partitioning problems with partition matroid constraint [J]. Applied Mathematics: A Journal of Chinenese Universities, 23 (1) : 1-8.

Zhang A, Jiang Y, Tan Z. 2009. Online parallel machines scheduling with two hierarchies [J]. Theoretical Computer Science, 410 (3) : 3597-3605.

Zhang L, Lu L, Yuan J. 2009. Single machine scheduling with release dates and rejection[J]. European Journal of Operational Research, 198 (3) : 975-978.

Zhang L, Lu L, Yuan J. 2010. Single-machine scheduling under the job rejection constraint [J]. Theoretical Computer Science, 411 (16) : 1877-1882.

Zhang Y, Ren J, Wang C. 2009. Scheduling with rejection to minimize the makespan [C]//International Conference on Combinatorial Optimization and Applications. Berlin: Springer: 411-420.

Zhong X, Ou J, Wang G. 2014. Order acceptance and scheduling with machine availability constraints [J]. European Journal of Operational Research, 232 (3) : 435-441.

Zhong X, Ou J. 2017. Improved approximation algorithms for parallel machine scheduling with release dates and job rejection [J]. 4OR, 15 (4) : 387-406.

Zhong X, Ou J. 2017. Parallel machine scheduling with restricted job rejection [J]. Theoretical Computer Science, 690 (11) : 1-11.